〈まちなか〉から始まる地方創生
クリエイティブ・タウンの理論と実践

〈まちなか〉から始まる地方創生

クリエイティブ・タウンの理論と実践

福川裕一　城所哲夫
Yuichi Fukukawa　Tetsuo Kidokoro

岩波書店

はじめに

　空き店舗だらけのシャッター通りは、今や、地方都市の風景のひとつとなっている。郊外に、ショップやフードコート、シネコンから生活サービス施設まで備え、日々新しいイベントを提供してくれる便利で魅力的な巨大ショッピングモールが立地しているのだから、わざわざ古ぼけたかつての中心商店街に、駐車場料金を払ってまで出かけてくる人がいないのも当然かもしれない。
　一方、東日本大震災の津波災害により壊滅的な被害を受けた石巻の中心商店街では、誰でも気軽に入って共同作業のできるコワーキング・スペース、お店のなかにつくられたコミュニティ・カフェ、子どもたちが主体的に活動する場としてまちなかにできた子どもセンター等、今までの中心市街地の概念とは違う新しいまちが生まれつつある予感がある。まだ始まったばかりの、この新しいまちづくりの胎動は、全国の地方都市のまちづくりを根本から変えていく力を秘めているのではないだろうか。
　実際には、このような新しいまちづくりの胎動は、いわばゼロからの出発を強いられている被災地のまちなかほど顕著ではないにしろ、何の変哲もない全国の地方都市のシャッター通りのそこかしこで始まりつつある現象である。この新しい力とは何なのか、どの方向に向かうべきなのか。どのようにすれば本格的な動きに展開するのか。これらの問いこそが、本書がこれから繙こうとすることである。
　この新しい力から生み出されるまちの姿を、本書では、クリエイティブ・タウンと名付けた。結論から言えば、クリエイティブ・タウンとは、「多様なアイデアをもつ人びとが、まちなかに集まり、そのことを通じて、周辺地域も含めてその地域におけるライフスタイルを活かした新たな産業の持続的展開をプロデュースするまち」ということになる。
　このようなクリエイティブ・タウンは、ひとりまちなかだけでなく、そこを中心に広がる地域の経済・社会の再生・発展を牽引する力になる。では2部9章からなる「〈まちなか〉から始まる地方創生」を開幕しよう。

目　次

はじめに

序章　なぜ、クリエイティブ・タウンか ────── 001

Ⅰ　クリエイティブ・タウンの理論

クリエイティブ・タウンの理論❶
第1章　クリエイティブ・タウンとはなにか ────── 011

1　クリエイティブ・タウンとライフスタイル産業革命　011
2　アイデアをいかに実現するか　016
3　アイデアの実現とクリエイティブ・タウン　019

クリエイティブ・タウンの理論❷
第2章　クリエイティブ・タウンをとりまく状況 ────── 025

1　地域経済活性化の理論　025
2　求められる国の制度と仕組みの転換　030
3　クリエイティブ・タウンの胎動　035

Ⅱ　クリエイティブ・タウンの実践

クリエイティブ・タウンの実践❶
第3章　3ポイント・アプローチ ────── 047

1　「デザイン」「ビジネス」「スキーム」　047

2　高松丸亀町商店街　049

3　長浜　053

クリエイティブ・タウンの実践❷
第4章　ビジネス：ライフスタイルのブランド化 ─── 057

1　まちのシューレ963　057

2　まちじゅうまるごとホテル　061

3　商店街の再定義　067

4　「ライフスタイルのブランド化」のためになすべきこと　072

クリエイティブ・タウンの実践❸
第5章　デザイン ─── 081

1　ふたつの都市像　081

2　タワー型──ル・コルビュジエの描いた都市像　082

3　歴史的な都市に町並み型の条件を探る　097

4　実現の方法　108

クリエイティブ・タウンの実践❹
第6章　スキーム ─── 117

1　スキーム組み立てのイメージ──高松丸亀町の場合　117

2　まちづくり会社　121

3　再開発制度を新しい考え方で活用　128

4　制度のあり方　137

クリエイティブ・タウンの実践 ❺

第7章 事例研究：石巻クリエイティブ・タウン ──── 143

1 目標と方針を考える　143

2 ライフスタイルのブランド化　154

3 デザイン──歴史的な都市構造を踏まえ、ひとつひとつの敷地単位が
　町並みをつくる　160

4 スキーム　169

終章　クリエイティブ・タウンの推進 ──────────── 177

注　183

参考文献　187

序章
なぜ、クリエイティブ・タウンか

　1991年に始まった経済の低迷は20年を経過し、間もなく「失われた30年」になる。この間、わが国とりわけ地方の経済・社会は激しく疲弊した。「地方創生」という新たなネーミングのもと[1]、まち・ひと・しごと創生本部が設置され、政策支援が本格化したが、成果を上げるには一筋縄ではいくまい。だが、その困難を乗り越えようと、地域再生の試みが各地で胎動している。地域の物産を活かした新しいビジネス、子どもから大人までの居場所づくり、古民家を活かした「まちじゅうまるごとホテル」など、NHKの地域づくりアーカイブスにはたくさんの例が集められている[2]。いずれも自然の恵みとともにある地域のライフスタイルを守り・育み・発信する試みだ。

　本書は、これらの動きを確かなものとするために、地域の中心都市のまちなか再生に注力することを提案する。地域のライフスタイルを洗練・発展させ、花開かせるのは、その地域の中心にある都市のまちなかである。まちなかは、各地域に固有の町並みと文化を育み、内外の多くの人びとを惹きつけ、富を生み出してきた（祭りはその象徴的存在である）。まちなかがにぎわうことと地域の経済が潤うことは表裏であった。

　そのまちなかの傷みが激しい。その傷んだまちなかを、地域独自のライフスタイルを支え・育み・強め・発信する拠点として再生する。まちなかをデザイン・コードに従って連鎖的に開発し（あるいは保全し）、地域に必要な市民サービスを充実するとともに、そこにその地域固有のライフスタイルに根ざした産業をおこし、地域全体の風土に根ざした内発的産業の発展（ライフスタイルのブランド化）を牽引していく。ここで、「まちなか」はせいぜい数～十数ヘクタールを想定する。範囲が広く政策効果がうすくなりがちな、中心市街地活性化法の「中心市街地」とは一線を画す。このようなまちなかを「クリエイティブ・タウン」と呼ぼう。

　地域の再生には、従来の発想とは異なる地域の課題を解決する新しい枠組みが

```
┌─────────────────────────────────────────────────┐
│            地域経済・社会の再生                  │
│  市街地のコンパクト化(シュリンク)という不可避の課題を、地域のライフスタイルのブラ │
│  ンド化(産業化)が支え、田園都市を再構築(スマート・シュリンク)し、そして地域経済・│
│  社会の再生を実現                                │
└─────────────────────────────────────────────────┘
```

```
┌──────────────────────────┐  ┌──────────────────────────┐
│   市街地のコンパクト化    │  │   ライフスタイルのブランド化  │
│ *中核都市の中心市街地、そして周辺都│ *地域固有のライフスタイル(文化、風 │
│  市、在郷町、基礎集落それぞれの中心│  土、生産物等)を中心市街地で産業化 │
│  部を再生。快適な公共空間、美しい町│ ・商店街が食で農と商をつなぐ      │
│  並みを実現し、瑞々しい農地、豊かな│ ・雑貨やクラフトで職人・工業と商をつ │
│  自然を保全                │  なぐ                      │
│ *人びとが集まり、地域のライフスタイ│ ・ファッションで地場産業と商をつなぐ │
│  ルを回復し、育み、強化し、発信する│ ・介護や子育てサービスでコミュニティ │
│  場所をつくる              │  と商をつなぐ                │
│ *低炭素社会の実現(既成市街地再生は最│ *デファクト・スタンダード化した「西 │
│  大のリサイクル、自動車交通に起因す│  洋のライフ・スタイル」へのオルタナ │
│  るCO₂削減、農地・緑地の再生・保全)│  ティブとして世界に訴求。観光も視野 │
└──────────────────────────┘  └──────────────────────────┘
```

図 0-1　地域を再生する 2 つの柱

不可欠である。切り札は「ライフスタイルのブランド化とまちなか再生の組み合わせ」だ(図0-1)。

　地方が抱える多くの問題、経済の停滞、雇用の減少、地域社会の結束力の低下、地域文化の衰弱などは、もはや工場誘致のような外の価値観に依存する「外発的発展」の発想では解決できない。そのような発想をやめ、地域の内発的・自律的に生き続ける生命力を育む発想へ転換する必要がある[3]。地域の資源や個性・特性を最大限に活かし、創意工夫のもと、地域の総力を結集し、自律的・持続可能なまちづくりの仕組みを再構築することが重要である。とすれば、風土に育まれた地域固有のライフスタイルを資源として活かしていくことが、基本に据えられなければならない。それは革新的な技術や文化に背を向けることではない。理論編で詳しく述べるように、グローバルな商品でも、ローカルなライフスタイルが背景になければ生み出されない。

　欧米は、そのライフスタイル(生活文化)を産業としてきた。服飾、生活雑貨、食べ物など生活文化全般にわたり、オリジナリティのあるデザインを、オリジナルな素材と技術(職人術)でつくりだし、世界の人びとを魅了し、富を生み出してきた。たとえば、フランスは農業が盛んな国であるが、葡萄を輸出しているので

はなくワインを輸出している。ワインを輸出しているだけでなく、ワインを核に広がるフランスのライフスタイルを輸出している[4]。しかも、世界の人びとの目は、フランス全体とともに、ワインの銘柄の微妙な差を嗅ぎ分け、その蘊蓄とともにワインの産地に向かう。

図 0-2　シャッター通り（香川県丸亀市の中心商店街、2013年10月）

フランスを訪れた人びとは、そのような地方の都市や田園まで出かけて、それぞれの地域固有のライフスタイルを楽しむのである。

　日本においても、各地域に根付くライフスタイルを再興し、産業化する仕組みをつくり、内発的発展を図ることができないわけがない。

　市民が誇りに思い、集まることのできる中心は、自治を育み支える不可欠な社会資本でもある。その構造が、市街地の郊外への拡大で崩れかけている。「ライフスタイルのブランド化」を実現するためには、この構造を再構築する必要がある。まちなかを拠点に「ライフスタイルのブランド化」を成長産業に育て上げ、地域に富が蓄積する構造をつくりあげることが基本戦略となる。

　そのまちなかの多くはシャッター通りと化し、疲弊する地方の象徴のようになっている（図 0-2）。今さらだが、状況を確認しておこう。図 0-3 に見るように、商圏の小さな商店街ほど、都市の規模が小さいほど、「衰退している」「衰退の恐れがある」商店街が多くなる。上の写真は人口 11 万人の香川県丸亀市の中心商店街である。現在、この規模の中心市街地が厳しい。しかし、それより商圏の大きな県庁所在地レベルでも「衰退の恐れがある」が拡大している。中心市街地の衰退と裏腹に、広がっているのが郊外である。中心市街地の衰退には、さまざまな原因が重なっているが、郊外への拡大が最大の原因であり、衰退の引き金になったことは間違いない。私たちの都市がこのまま中心市街地を失ってよいのか、このまま郊外への拡大を続けてよいのか。

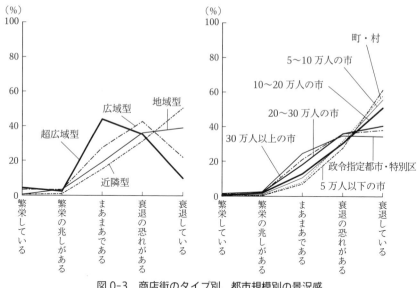

図0-3　商店街のタイプ別、都市規模別の景況感
（出典）2009年商店街実態調査（中小企業庁）

　野放図な郊外拡大の問題点は、津波が襲った東日本大震災で被災した都市で如実に示された。古くから町並みを営んできた地区も被害を受けたが、町並みが一掃されるような被害を受けたのは、戦後、水田や河川敷を埋め立てた土地に拡大した市街地である。そこで「高台移転」となるのだが、それはさらなる郊外化を進めることである。高台移転は本当に正しい道なのだろうか。津波の被害に遭った石巻については、第7章で詳しく触れるので、ここでは液状化の被害に遭った千葉県香取市佐原をあげておこう。

　歴史的な地区が重要伝統的建造物群保存地区に選定されている佐原では、市役所も立地する利根川沿いの地区で、激しい液状化が発生、家が傾き、下水などのライフラインが壊れる大きな被害に遭った。その地区は、図0-4に見るようにかつての土手の川側に造成された、もとは川だった土地である。しかし歴史的な地区では、土で葺いた古い建物の瓦が落ちたとはいえ、それ以外の被害がほとんどなかった。歴史的町並みの強さが、逆に証明された。

　問われるべきは、これら被害に遭った市街地が本当に必要な市街地であったかどうか、これからも必要な市街地であるかどうかである。全国のデータだが、人口集中地区（Densely Inhabited District：DID）は、1960年以来、面積は3倍になっ

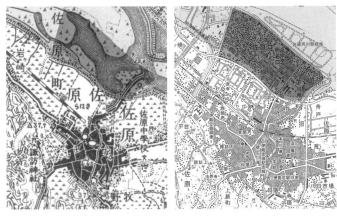

図 0-4 香取市佐原の液状化が激しかった地区(右図、グレーの部分)の、明治時代における位置(左図)

(地図の出典)左:『日本図誌大系　関東 II』p. 63(オリジナルは国土地理院 5 万分の 1 地形図・佐原(1903 測)および鹿島(1903 測))、右:国土地理院 2.5 万分の 1 地形図・佐原西部(2007 測)

たが人口は 2 倍の増加にとどまった。人口密度は、1960 年から 1995 年にかけて減少の一途をたどり、1980 年には 70 人／ヘクタールを割り、1995 年には 66 人／ヘクタールとなった(図 0-5)。これを都市規模別にみると、50 万人以上の都市を除いて低下を続け、特に 10〜20 万人都市は 43 人／ヘクタールと DID の定義である 40 人／ヘクタールに近づき、一部では DID そのものが消失した。要するに、かつての中心市街地は、郊外化のおかげでスカスカになったが、郊外が十分に成熟した都市になったかといえば、郊外もまたスカスカであるということだ。

かつての集落は山裾を巻くように微高地にコンパクトに形成されていた。そのころの町並みには、商店、施設、造り酒屋などが並び、とてもにぎわっていたはずである。微高地なので、多少の洪水は避けることができたし、山へ逃げることも容易であったと思われる。戦後、海の方へ水田や湿地を埋め立てて市街地が拡大された。古い町並みでは、商店街はさびれ、空き家や空き地が増えていった。

おそらく、この間の人口の増加は 2 倍、たかだか 3 倍と思われる。しかし、市街地の面積は 10 倍あるいは 20 倍に拡大された。震災ではその新開地がまさに一掃されたのである。

以上を、19 世紀のまち、20 世紀のまち、21 世紀のまちとして模式的に整理し

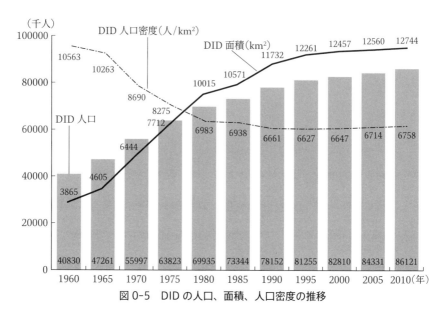

図0-5　DIDの人口、面積、人口密度の推移

てみた（図0-6）。今こそ、スカスカの市街地を、中心市街地を中心に再編成し、コンパクトな市街地と周辺の農地や緑地との対比をはっきりさせ、にぎわいとコミュニティを取り戻すときなのだ。

　そこで、地域の中心都市の、傷んだまちなかをクリエイティブ・タウンとして整備、地域のライフスタイルを回復、強化、発信する拠点とし、地域の再生を図る。

　クリエイティブ・タウン・モデルは、中心都市のまちなかがひとり勝ちするモデルではない。人口減少下、都市のコンパクト化や縮退（シュリンク）が課題とされてきた。それを地域での一極集中で解決するのではなく、ICTも駆使しつつ、2次的、3次的な中心や基礎集落とネットワークを組織化し、相補的・相乗的に持続可能なまちづくりを実現していくためのモデルである。賢いシュリンク（スマート・シュリンク）を実行するためのモデルである。ここで、クリエイティブ・タウンは、地域へのポータル（入り口）としての役割を果たしていく。

　こうして社会的・経済的なレジリエンス（回復力）を獲得した地域が、土木構築物だけに頼らない強靭な国土をかたちづくる日本の姿を追求する。世界がうらやむ、魅力溢れる、豊かで清潔で住みやすい成熟社会のモデルをつくりあげることが究極の目標である。

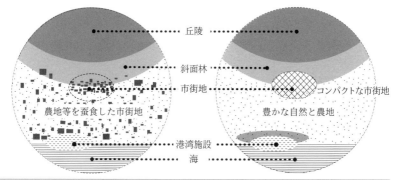

	19世紀	20世紀	21世紀
丘陵地	農地・山林	一部で宅地開発、公共施設	計画的な市街化
山裾の町場	町家が並ぶ町並み、商店街	空洞化	津波へ一定の対応をしつつ中心市街地として再生
海岸との間	水田	埋立て・区画整理	農地、自然として復元
海岸	漁港など	埋立て、漁業施設、工場	津波対策をしてコンパクトに整備

図0-6　21世紀のまちのあり方

以下本書では、クリエイティブ・タウンの理論的背景と実行の方法を展開する。そのアウトラインは以下のようである。

1. 創造経済時代には、グローバルな商品でも、ローカルなライフスタイルが背景になければ生み出されない。わが国の成長戦略は「産業都市モデル」から「クリエイティブ・タウン・モデル」へ転換する必要がある。
2. その際、地域の中心となる都市(特にまちなか)が、クリエイティブな人びとの集まる場所となることが決定的に重要である。まちづくりのデザインは、①歴史、そして②豊かな公共空間創出を目指す世界の都市計画の潮流に学ぶ。
3. 人口減少が始まり、市街地のコンパクト化が不可避となった。この状況を奇貨とし美しい田園や町並みとそこで営まれる豊かな生活を回復、都市と農村が相互に助け合う田園都市を再構築する。都市は、外部の製品を農村へ供給するだけでなく、地域を外部へ売り込む拠点とならなければならない。
4. 地域のライフスタイルを、従来のステレオタイプ化された日本像を超える日本のライフスタイルとして、デファクト・スタンダード化した「西洋のラ

イフスタイル」のオルタナティブとして、世界に訴求する。美しい日本と地域ごとに豊かに展開する「地域のライフスタイル」確立こそが「クールジャパン」である。

5. 以上の、クリエイティブ・タウンの実現には、3ポイント・アプローチ(デザイン、ビジネス、スキーム)が有効。スキームでは、①土地の共同利用、②コミュニティに根ざしたまちづくり会社によるエリアマネジメントを実施する。この新しい試みの実現のための、新しいシステム(制度)を提案する。

I
クリエイティブ・タウンの理論

石巻の目抜き通り立町にオープンしたライフスタイル・ショップ・ASATTE（154ページ参照）。

クリエイティブ・タウンの理論 ❶

第1章
クリエイティブ・タウンとはなにか

1　クリエイティブ・タウンとライフスタイル産業革命

ライフスタイル産業革命

　本章でクリエイティブ・タウンの基本的な考え方を展開するにあたって、まずは、その前提となるライフスタイルをベースとした新たな産業、すなわちライフスタイル産業について説明しておきたい。通常、ライフスタイル産業というと伝統産業あるいはファッションや雑貨などをイメージする方が多いと思うが、ここでは、ライフスタイル産業という言葉を、広い意味で、いわばグローバル化時代の創造産業のエッセンスを意味するものとして使っている。グローバル化のもとでは、世界最適生産の考え方のもとで、生産機能の海外移転が進み、もはや、日本を含む先進国では、原料を輸入して安くて質の良い製品を輸出して富を獲得するという加工貿易型の成長モデルは成り立たなくなっている。このような状況下では、新しいアイデアに基づく新たな商品・サービスを次々と生み出すことで付加価値を創出するという創造産業型の成長モデルを追求することが求められる。

　それでは、グローバル化の進んだ世界において、新しいアイデアはどこから生まれるのであろうか。インターネットが発達した今日の社会において、世界の情報は世界中のどこにいても入手することができる。このような状況において、創造産業型の商品・サービスとは、ほかでは真似のできない固有の価値と、多くの人に受け入れられる普遍的な価値の両面を兼ね備えたものであろう。この固有の価値と普遍的な価値を生み出す上でのきわめて重要な源泉となるのが、ある地域や社会で育まれてきた価値観、すなわちライフスタイルである。なぜなら、ある地域や社会で長い時間をかけて醸成されたライフスタイルは、容易には他の地域

では真似のできない質の違いを生み出すことができるはずだからである。わかりやすい例として、それ自体がひとつの文化として認知されているワイン産業やイタリアのスローフードなどが挙げられよう。日本から世界に広まった和食やアニメなども、典型的なライフスタイル産業と言えそうである。

さらに、創造産業の文脈のなかで最も典型的な事例のひとつとして、アップルの製品群を指摘することができる。アップル製品の裏面には、Designed by Apple in California という文字が誇らしげに印字され、人と人とが気軽につながり合うアメリカ西海岸で醸成されたライフスタイルのなかでこそ生み出されたアイデアがベースとなっていることに気づかされる。インターネット時代の新産業であるグーグルやフェイスブックなども、同じくアメリカの西海岸的ライフスタイルの文脈のなかで生み出されてきたと言えるのではなかろうか。

これらの例のように、新たな価値をもった商品やサービスが、ある地域や社会のライフスタイルをベースとして生み出されつつある現代の状況を、ここでは、ライフスタイル産業革命と呼んでおきたい。

ライフスタイル産業革命と地域の活性化

ライフスタイル産業は、地域の活性化のあり方も根本的に変えていく可能性を秘めている。すでに、地域の農産物や海産物の加工で付加価値をつけ、さらには、たとえば観光などのサービス業と結びつけてさらに高い価値を生み出すことで地域活性化を図ろうという6次産業化（1次産業×2次産業×3次産業＝6次産業）の試みが全国各地で展開されている。このような試みは、地域の自然の恵みを活用するという点で間違いなくライフスタイル産業の展開のひとつの方向性である。人口減少と高齢化が急速に進む地方圏では若者の流出を引き止め、Uターンや J ターン、I ターンを促進することが喫緊の課題となっている。製造業等の企業誘致は地域に雇用機会をもたらすという意味で、効果的で即効性の高い地域活性化の手段であったが、グローバル化の波のなかで、製造業の海外移転が進む今日、企業誘致の手法には限界があり、むしろ企業の撤退や雇用の削減もあるなかで、発想の転換が求められている。

さまざまな自治体で、雇用がないので若い人が出ていってしまうという声をよく聞く。しかし、本当にそうだろうか。本当は、地域に魅力がないからではなかろうか。現に、東日本大震災の被災地には多くの若い人が集まってきているが、

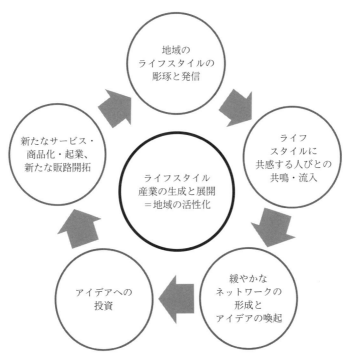

図 1-1　ライフスタイルを活かした地域の活性化

それは雇用を求めてではなく、そこに生きがいがあるからなのではないだろうか。地域の魅力を高めて生きがいを生み出すという意味でライフスタイル産業革命は地方の活性化にとって大きなチャンスであり、逆に言えば、これからの時代、ライフスタイル産業の展開のためには、地域のライフスタイルを活かしたアイデアのもとに新たな産業を起こしていくことのできる地域こそが生き残っていけるのではなかろうか。そのためには、アイデアをもっている人の流出を食い止め、あるいは惹きつけ、地域独自のライフスタイルを活かしたアイデアを事業化・起業へと結びつけることが肝要である。大都市のライフスタイルとはひと味もふた味も異なる、地方のもつ固有のライフスタイルに魅力を感じる人は多い。地域独自のライフスタイルを彫琢することによって人びとが惹きつけられ、それらの人の理想とするライフスタイルと地域独自のライフスタイルの魅力との共鳴のなかから新たなライフスタイル産業が生まれる、というようなライフスタイル産業の展開と地域活性化の好循環を作り出していくことが、ライフスタイル産業革命時代

の地域活性化の方向性と言えるのではないだろうか。

　逆に言えば、東京への一極集中は、地域の多様なライフスタイルの弱体化、ひいては喪失につながる。ライフスタイルの多様性の喪失は、新しいアイデアの源泉が失われるという意味で、日本社会全体にとっての大きな損失へとつながるのではなかろうか。その意味で、地域のライフスタイルを発掘・彫琢し、その彫琢されたライフスタイルを活かした産業の展開を支援していくことは、一地域の活性化の問題を超えて、創造経済のもとでの成長戦略を進めていくことが大きな課題となっている日本社会全体にとっての目指すべき方向性であると言えよう。

ライフスタイル産業生成の例——石巻

　石巻の事例については、第7章で詳しく論じられるが、ここでは、ライフスタイル産業の生成という観点から、少しだけ先取りして見ておこう。

　石巻では東日本大震災で中心市街地も被災したものの、そこに立地する市役所、商工会議所等が復興の拠点となるなど、中心市街地が復興に向けて大きな役割を果たしている。震災後に立ち上がった復興支援組織の多くが中心市街地に立地し、さらにそれらの支援組織から派生して、さまざまな組織や事業が次々と生成されてきていることも注目される。これらの組織や事業所は、いわば、中心市街地そのものをコワーキングの場として、互いに密に情報交換を行いつつ、事業を展開していることが特徴である。市役所や商工会議所等とともに、多様なイベントやコワーキング・スペースの開設等を通じてこのネットワークのハブのひとつとしての役割を果たしているのは、外部の支援者と地元の有志のコラボによってつくられたISHINOMAKI2.0や、ITによる地域産業の活性化と若者の雇用促進を目指すイトナブ石巻等の復興支援組織であるが、これらの復興支援グループに対するヒアリングでは、中心市街地がコワーキングの場となった条件として、鉄道・高速バスなどの広域交通アクセスがよく現地に入りやすかったこと、低家賃で利用可能な空き店舗が存在し、事務所を開設しやすかったこと等が指摘された。このような中心市街地のもつ基本的条件のもとで、アイデアをもつ人びとが集まり、やりたいことをやれる環境が提供されることで、クリエイティブな雰囲気があふれるまちが生まれてきている。

　このようなクリエイティブな雰囲気のなかから、石巻ではさまざまな活動が生まれているが、ライフスタイル産業という観点から注目されるのが、当初、まち

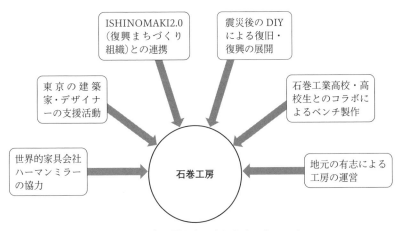

図 1-2　石巻工房を生み出したネットワーク
(出典) 石巻工房 HP とインタビューをもとに著者作成

なかの空き店舗をベースとして生まれ、DIY とデザインの融合による新しい家具工房として海外の展示会等を通じて国際的にも注目を集めている石巻工房である。同工房の設立と展開の経緯を同社の HP とインタビューをもとにまとめたのが図 1-2 である。同図に示されるように、石巻工房というものづくりの運動は、震災後に生まれた DIY(Do It Yourself)という新たなライフスタイルを媒介として、復興支援のプロセスのなかで生きがいとアイデアを実現しようとして石巻に入ってきた人びとと、それらの人びとを受け止めてともに活動することで、互いの生きがいとアイデアを昇華させていった地元の有志の人びととの間の密接な交流のなかから生まれてきたものであると言える。

　石巻では、ほかにも、新しいアイデアのもとでの事業展開の動きがさまざまに生まれており、たとえば、石巻元気復興センターでは、震災以前には取引関係のなかった市内の水産加工業、専門サービス業、食品加工業の事業者(現在 24 社)が、青年会議所や学校の同窓会等の友人関係でつながり、事業の復興に向けての情報交換やインターネットを利用した共同での新事業形態の開発を展開している。

　上記のような石巻市における復興プロセスは、後述するようなプロジェクト型組織の形成を通じてライフスタイル産業がいかに生まれるのかを教えてくれる、生きた事例と言える。

2　アイデアをいかに実現するか

三人よれば文殊の智慧の意味とは？

　イノベーションにつながる新しいアイデアはいかにして喚起され、また実現されるのであろうか。この問いに対する回答は、昔から、三人よれば文殊の智慧という格言によって与えられてきた。しかし、なぜ3人であって2人ではないのであろうか。

　この問いに対してきわめて興味深い示唆を与えたのは、アメリカの社会学者、M・グラノベッターである（Granovetter 1973）。グラノベッターによれば、人間社会は、家族や親しい友人、会社の同僚などのいつも一緒に過ごしている人びとの間の強いつながり（Strong Tie）と、たまにしか会わない知り合い関係の人びとの間の弱いつながり（Weak Tie）という、2つの性質の異なるつながりから成り立っている。たとえば、Aさんに、親しい友人のBさんとCさんがいた場合、BさんとCさん同士も親しい友人同士である確率が高い。このように強いつながりで結ばれた人のネットワーク（このような関係性を、以下でコミュニティと呼ぶ）は、そのネットワーク内で閉じた関係となる性質がある。したがって強いつながりをもった人同士の間は閉じたコミュニティとなり、同じ考え方や資源が共有され、何事かをあうんの呼吸で遂行することができるという意味で効率的な関係性が生まれるが、一方で、ネットワークが閉じているために、考えや利用する資源が固定的になるため、新しいアイデアは生まれにくい。

　ここに、Aさんにたまにしか会わない友人、つまり弱いつながりをもつ友人Yさんがいるとすると、Yさん自身もまた強いつながりで結ばれた別個のコミュニティをもっているであろう。そうすると、図1-3に示すように、AさんとYさんの弱いつながりがなければ決して結びつくことのなかったAさんのコミュニティとYさんのコミュニティが結びつくことにより、一気に多様な人びととの間の関係性が生まれることになる。新しいアイデアは、それ自体は既知である個別の要素の、新しい組み合わせから生まれる場合が多い。それぞれのコミュニティは、別々の考えや資源をもっているために、コミュニティを超えた関係性のもとではコミュニティ内で閉じている場合とは異なる考えや資源の組み合わせが可能となり、新しいアイデアが喚起されやすい条件が生まれる。つまり、集まった人

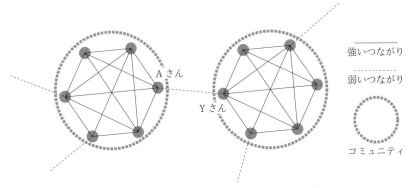

図1-3　弱いつながりがコミュニティをつなぐ

の少なくとも3人目が弱いつながりの知り合いであった場合に、初めて文殊の智慧が生まれるというわけである。

　このような弱いつながりは、あるアイデアを具体的な商品やサービスあるいは新しい販路として実現したり、起業したりする上でも重要な役割を果たすことになる。なぜなら、たとえば、Aさんの属するコミュニティが技術者のコミュニティの場合、金融やマーケティング、企業会計のプロは、そのコミュニティのなかにはおそらくいないであろう。しかし、Aさんが金融関係の知り合いYさんと弱いつながりで結ばれていた場合、Aさんを金融面で助けてくれる人を、Yさんのコミュニティのなかから探すことができるかもしれない。このように、アイデアを実現し、さらには起業にまで結びつけようとするならば、弱いつながりが必須の役割を果たすことになる。

トリックスターとプロジェクト型組織
　創造経済時代の地域活性化のカギは、地域のライフスタイルを活かしたアイデアの喚起とその実現にある。上述のように、新たなアイデアを喚起し、そのアイデアを実現するためには、人と人、アイデアとアイデアを弱いつながりで結ぶことがカギとなりそうである。しかし、新しい居住者が常に流入してくる大都市と異なり、地方においては、新たに入ってくる人の流れは限られ、人と人との関係性も固定的なコミュニティのなかにとらわれてしまいがちである。いったん、固定的なコミュニティというわなのなかにとらわれてしまえば、新しいアイデアが生み出される確率は著しく低くなってしまう。つまり、人口減少下における地方

圏は、地域活性化という面において、人の流出→人と人との関係性の固定化→弱いつながりの欠如→新たなアイデアの枯渇→地域の不活性化→人のさらなる流出、という悪循環に陥ってしまう危険のなかにある。

　この悪循環はどこで断ち切ればよいのであろうか。この問いに答えるために、もう一度、先に示したネットワーク図（図1-3）を振り返ってみよう。地方圏では、図1-3において破線で示したコミュニティとコミュニティをつなぐ弱いつながりが切れてしまうことが問題であった。したがって、悪循環のわなから逃れるためには、新しいリンク（弱いつながり）をつくることが重要ということになる。神話や昔話の世界では、常識にとらわれない行動を起こすことによって、世界の切れた環をつなぎ合わせ、世界に再び活力と安定をもたらす役割を受けもつ人物／動物がしばしば登場する。かれらは、一般にトリックスターと呼ばれているが、たとえば、とんちの力で為政者をやりこめることによって固定化された権力構造を逆転させて庶民の活力を呼び覚ます一休咄のなかの一休さんなどは、典型的な例である。一休咄では、身分制社会のなかで世俗から超越した禅僧として、身分（＝固定化したコミュニティ）から自由な立場にある一休さんが、身分という上下関係を逆転させることで身分を超えた双方向的な関係性（弱いつながり）を構築する。すなわち、とんちの力による弱い関係性の構築という行為を通じて、対立し緊張した世界が、再び活力と安定を取り戻すのである。

　トリックスターのもつ力は、とんち、すなわち既往の価値観からの自由なのであるから、必然的に、かれらは既往の固定的組織・コミュニティに属することはない。桃太郎と仲間の動物たちや黒澤映画の『七人の侍』のように、特定の目的のためにメンバーが集まる小さなプロジェクト型組織こそがかれらの活躍する場である。そして、このような小さなプロジェクト組織内外で結ばれる関係性は、緩やかで可変的なものであるがゆえに必然的に弱いつながりであり、地域社会に新たな活力（アイデアの喚起と実現）をもたらすことが期待される。つまり、コミュニティとコミュニティの間の切れてしまった弱いつながりを再生するためには、小さなプロジェクト型組織を生み出すことが必要なのである。

　小さなプロジェクト型組織の例としては、ベンチャー企業、アート・カンパニー、まちづくり会社、市民のまちづくりグループ等、さまざまでありうる。このような小さなプロジェクト組織は、やりがいを求める人びとにとっておおいに魅力的な場であるはずであり、そのもとで、地域のさまざまな資源・産業を組み合

わせて新たな商品やサービスの開発を発想するようなプロジェクトが次々と生まれることで、ライフスタイル産業の展開がプロデュースされるという好循環のサイクルが地域に生み出されることが期待される。さらに、これらの小さなプロジェクト型組織のメンバーが相互に交流することで、新たなプロジェクト型組織がその交流のなかから連鎖的に生み出されていくような状態となれば理想的である。

　日本楽器(現ヤマハ)、河合楽器、スズキ、ヤマハ発動機、ホンダといった世界的メーカーを次々と生み出した浜松は、このような好循環が長期にわたって持続してきた典型的な例といえる。これほどまでの成功をおさめた地域はまれであるにしても、まちづくりには、(少なくとも気持ちの上での)若者、ばか者、よそ者が必要という経験則は、まちづくりに携わる者であれば、誰でも一度は耳にしたことのある言葉である。若者、ばか者、よそ者とは、まさに、既存の価値観からの自由を特性とするトリックスターが共通してもつ属性であり、その意味で、この経験則は、まさに、かれらと、かれらが中心になってつくられる小さなプロジェクト組織が地域に新たな活力をもたらすことを言い当てているものであるといえよう。

3　アイデアの実現とクリエイティブ・タウン

まちの役割の変化

　地方都市の中心市街地は過去20年ほどの間に、大きな変化を経験してきた。かつて地方中心市の中心市街地は、ゲートウェイ(大都市からの情報・サービス・商品・金融・補助金等の地域内への分配拠点)として、地域の階層的中心として、消費・娯楽、行政、文化、金融・企業支店等の集積する場であった。しかし、郊外化の進展とそれに続くインターネット社会の到来とともに、中心市街地のゲートウェイ機能は長期的な衰退傾向にある。

　このような状況のもとで、地方都市の中心市街地の活性化が、政治的課題のひとつとなり、中心市街地活性化法(1998年制定、2006年改正)により、中心市街地活性化に対する支援の仕組みが整えられた。さらに2006年の都市計画法改正により、郊外部への大型店の立地が規制されることになった。中心市街地活性化法のもとで、市町村は中心市街地活性化基本計画を策定し、基本計画が国から認定されると、各種の支援策が講じられることになる。

中心市街地活性化法の目指す活性化とはどのようなものであろうか。この点を確認するために、中心市街地活性化法のもとで策定された中心市街地活性化基本計画をみてみると、その基本的考え方は、にぎわいあふれるまちの顔として、集客・交流・居住の拡大を目指すというものであり、その上で、少子化対策、超高齢社会、温暖化対策などの他の政策課題とも連動させ、コンパクトで暮らしやすいまちを目指すものが多い。しかしながら、基本計画のもとで中心市街地の活性化を進めている自治体では、その努力により中心市街地の居住人口の回復がみられるなど一定の成果はみられるものの、ゲートウェイ機能の衰退という現実のなかで、まちの顔としてのにぎわいの復活は、数少ない例を除いて必ずしもうまくいっていないのが現状である。

まちの「にぎわい」の本質とは？

　中心市街地活性化法は「にぎわいあふれるまちの顔」を目標像として掲げているが、前述したように、必ずしもこの目標は達成されているとはいえないのが現状である。しかし、果たして本当に、まちに「にぎわい」は必要なのであろうか。ゲートウェイタウンとしてすべての中心であった過去の幻影にとらわれすぎてはいないだろうか。

　クリエイティブ・タウンの目指すものは、このような意味でのにぎわいではない。多様で小さなプロジェクト型組織の集積である。さらに、小さなプロジェクト組織メンバーが相互に「気軽に」交流する場があることで、さらに、ネットワークはオープンになりうる。その地域のライフスタイルを体現するような町並みのなかで、人びとが自由に集まり、交流する場としての自由なパブリック・スペースやカフェ、ストリートシーンが存在することがクリエイティブ・タウンの大切な要素である。すなわち、買い物客でごったがえすようなまちではなく、そこかしこに、小さな交流のホットスポット、すなわち、小さなにぎわいのあるようなまちなのではなかろうか。

まちなかが小さなプロジェクト型組織を生み出す

　ゲートウェイとしての機能を失っても、まちは、なお、必要なのであろうか。本書の答えはもちろんイエスであるが、その理由は、中心市街地は、その特質が十全に発揮されるならば、まさに震災後の石巻で見られるように、そこに住み、

働く人にアイデアの喚起・実現を促し、小さなプロジェクト型組織が連鎖的に生成されることが可能な場であるということである。以下で、その理由を述べていきたい。

まず指摘できるのが、小さなプロジェクト組織が生成するためには、多様で小さなインキュベーション・スペース（貸店舗・オフィス、

図1-4　まちなかに生み出された自由なパブリックスペース（富山市グランドプラザ）

コワーキング・スペース、工房、SOHO等）が必要となるという点が挙げられる。このような多様なスペースを提供できる空間は、中心市街地をおいてない。特に、まちなかにある昔ながらの町家や仕舞店、空き店舗などを自由な発想でリノベーションして使うことができれば、地域独自のライフスタイルへの共鳴により惹きつけられるクリエイティブな人にとって間違いなく魅力的であろう。逆に、モータリゼーションのもとで開発された地方都市の郊外は便利ではあるが、大都市の郊外と比べて特色があるわけではないので、地域独自のライフスタイルの魅力をもって大都市から人を惹きつける（あるいは逆に大都市へと流出してしまう人を引き止める）という点では魅力に欠ける面は否めない。まちなかがクリエイティブな場となり、まちなかが、アートやミュージック、ダンス、演劇などの活動が行われる場となるならば、クリエイティブな人びとがさらに集まるという好循環が生まれるのではなかろうか。人と人、アイデアとアイデアを結びつける場という点において、同質的な空間である郊外地域に比較して、まちなかのもつ潜在的可能性は高い。

また中心市街地では、インキュベーション・スペースやコワーキング・スペースに加えて、歩いて行ける範囲に廉価な賃貸アパート、空き店舗や空き家を利用した工房型住宅、コワーキング・スペース付きゲストハウスなど、多様な宿泊・住宅の存在と、カフェや居酒屋、バー、レストラン、たまり場的な専門店、さらには図書館やWi-Fiが利用できるフリースペースなどの公共施設等、多様な交

流スペースが立地しうる。中心市街地は、職住・交流が近接することで、時間にとらわれない密な交流が可能となりうる空間としてのポテンシャルを都市のなかで唯一有する空間である。

さらに、中心市街地そのものが潜在的にもつ魅力についても指摘しておきたい。多くのまちで、画一的な都市開発やマンション開発のもとで失われつつはあるものの、依然として、多くのまちでは、その地域のライフスタイル、すなわち、そのまち独特の風情や粋といったものが感じられる町並みや古い町家・古民家、雰囲気のある商店街などが、かろうじて残されている。外部から来るクリエイティブな人材は、画一的な町並みではなく、まさに、このような風情ある町並みや建物に惹きつけられるのであるから、風情ある町並みをいかに活かしていくかが、これからの中心市街地のあり方にとっては決定的に重要なのである。

加えて、オープンなネットワーク・ハブであるプロジェクト型組織にとっては、常に新しい刺激を得るために、都市外部とのネットワークも重要であろう。その意味では外部からのアクセスは重要である。もちろん、新幹線駅や空港からレンタカーや送迎車で、というアクセスであれば立地を選ばないし、実際に、企業の場合はそのようなケースも多いであろうが、小さなプロジェクト組織にとっては、移動は個人ベースのケースが多い。したがって、鉄道駅や高速バス・ターミナルから歩いて行けるまちなかは、グローバル・アクセスという観点からみて、最も有利な立地場所であることも指摘しておきたい。

イノベーションの場としての中心市街地

上述してきたような考え方から生まれる、新たな中心市街地の姿とはどのようなものであろうか。地域にイノベーションを起こすという観点からみると、新規事業の創出や起業に対する切れ目のない支援が重要となる。そのためには、空き店舗やチャレンジショップ、まちづくり会社・NPO等によるソーシャルビジネスに対する起業支援、先端産業向けインキュベーション施設、事業支援コーディネーター、金融機関、市役所の産業支援部局、商工会議所による起業・事業支援機能、公設試験所・大学・高専等の教育・研究・試験機関が、組織、分野の壁を超えて密にイノベーション・創業支援ネットワークを形成して、さまざまな段階において適切な支援を実施していく必要がある。このようなイノベーション・創業支援のネットワークが歩いて交流できる範囲に立地していることで日常的な情

報交換、信頼関係の構築が可能となり、迅速な支援が可能となる効果は大きい。

　中心市街地には、すでに市役所、地域の金融機関、商工会議所等のイノベーション支援組織が立地しており、加えて、上記のような多様なイノベーション支援組織・機関が立地することで緊密なイノベーション支援の場が形成されることが期待される。しかし、現状では、多くの都市においてインキュベーション施設等の産業支援施設や大学キャンパスが工業団地やニュータウン整備と共に整備されたために郊外立地が進み、産業支援組織間の緊密なネットワークが形成されているとはいえない状況にある。

　また、新規事業の展開あるいは起業を考えている意欲的な事業者が密に交流することで生まれる知識のスピルオーバーも重要である。支援ネットワークが中心部に集中立地することで、これらの意欲ある事業者が交流するフォーマル、ならびにインフォーマルな機会は確実に増えることが期待される。新規事業の展開や起業を考えている意欲的な事業者が密に交流しあうことで知識のスピルオーバーを促すという意味では、上述したように、SOHO（スモールオフィス・ホームオフィス）型住宅や工房型住宅をはじめとする職住近接居住は効果的である。この点で、意欲的な新規事業者が起業するために、全国の地方都市の中心市街地に存在する空き家、空き店舗は重要な資源であると捉え直すことができる。多様かつ低家賃の住宅の存在も重要である。特に、ものづくり系に比較して起業のハードルの低い小売や個人サービス業の場合、保証金や駐車場の負担など多額の初期投資が必要となる郊外店舗に比べて、まちなかでの空き店舗の貸し出しが進むならば、まちなかでの開業は資金的にも有利である。

　加えて、外から訪れる人がそのまちの魅力的なライフスタイルを体験できる宿泊の場も重要な要素となる。

　中心市街地がイノベーションの場として機能するためのもうひとつの重要な要素が、その場にいる人びとが、都市的ライフスタイルとして、クリエイティブな雰囲気を共有することであろう。たとえば、石巻の中心市街地では、震災後の特殊な条件のもとではあるが、さまざまなコワーキング・スペースが生み出され、確実にこのようなクリエイティブな雰囲気が共有されてきた。このようなクリエイティブな雰囲気を醸成していくために、文化や表現のオープンな表出の場を生み出していくことも必要である。

　現在、国はコンパクトシティの考え方のもとで中心市街地への多種・多様な都

表 1-1　クリエイティブ・タウンの目指すまちの姿

		ゲートウェイタウン（かつての中心市街地）	コンパクトタウン（中心市街地活性化法の中心市街地像*）	クリエイティブ・タウン（新たな中心市街地像）
役割		中央からのモノ・情報・資金・サービス受入れの窓口	集客・交流・居住	地域のライフスタイルをベースとしたアイデアをもとに地域をプロデュースする場
市街地像	目標	地域の階層的中心	にぎわいあふれるまちの顔	人と人、アイデアとアイデアを結ぶオープンなネットワーク・ハブ
	機能	消費・娯楽センター（デパート、中心商店街、娯楽施設等）・行政文化センター・企業の支店・金融中心	多様な都市機能がコンパクトに集積　子ども・高齢者を含む多くの人びとにとって暮らしやすいまち	歩いてアクセスできる範囲内での産業支援組織の集中立地とイノベーション支援ネットワークの形成　空き店舗等を活用した多様で小さなスペース（貸店舗・オフィス、コワーキング・スペース、工房、SOHO）　職住近接や職住一致を可能とする多様で低家賃の住宅　ライフスタイルを体験できる宿泊の場
	物的環境	利便性	歩いて暮らせるまち	自由なパブリック・スペース（街路、広場等）、ストリートシーン、カフェ、地域のライフスタイルを体現する街並み、クリエイティブな雰囲気
アクセス		広域交通ターミナル　地域交通中心	地域交通中心	グローバル・アクセス、インターネット上での評判・販売

＊中心市街地活性化法に基づいて策定された「中心市街地の活性化を図るための基本的な方針」(2006 年 9 月 8 日閣議決定)に示された中心市街地像を整理。

市機能の集積を進めようとしている。一歩進んで、クリエイティブ・タウン論の目指すまちの姿とは、イノベーションの場としての再生であり、イノベーションに関わる多様な機能の集積を進めることを提唱するものである。

クリエイティブ・タウンの理論 ❷

第2章
クリエイティブ・タウンをとりまく状況

1 地域経済活性化の理論

　第1章で、クリエイティブ・タウンの考え方と新たなまちの姿を示した。本章で、その理論的背景について検討しておこう。

成長核論

　表2-1に地域産業発展論の系譜を整理した。戦後の国土開発の基調となった考え方は成長核(Growth Pole)論である。成長核論は、フランスの経済学者、F・ペローらにより提唱され、第二次大戦後の世界の地域開発に大きな影響力をもった考え方である。日本でも、1962年に初めて策定された全国総合開発計画(全総)において拠点開発方式が提唱され、成長核として地域開発の核となるべく、全国に新産業都市ならびに工業整備特別地域が指定されて重厚長大型の臨海工業地域の開発が全国で進められた。

　その後の新全総(1969年)、三全総(1977年)、四全総(1987年)においても、新全総では、失敗に終わった苫小牧東部開発地域に代表される大規模プロジェクト構想、三全総においては、ハイテク産業の地方への誘致・育成を目指したテクノポリス法、四全総では、IT産業の地方への誘致・育成を目指した頭脳立地法など、時代の要請に合わせて、誘致産業の内容は推移してきた。これらの地域振興政策は、基本的には、インフラ整備と立地企業に対する税制上・金融上の支援措置を通じてリーディング産業を地方に誘致し、関連産業の後背地域への波及的立地を通じて地域開発を進めるという、成長核論に則ったものである。成長核論のもとでの都市開発は、郊外への工場誘致と郊外ニュータウン建設を軸として進められ

表 2-1　地域産業発展論の系譜

	成長核論	産業クラスター論	創造的地域論
目標	産業連関の成長	競争力の向上	イノベーション力の拡大
方法	リーディング産業の誘致	産業クラスターの形成	クリエイティビティの向上
時期	1960年代以降	1990年代以降	2000年代以降
代表的論者	ペロー(1950)	ポーター(1990)	クック(2007)、フロリダ(2002)、佐々木(2001)

てきたわけであるが、このような都市開発は、全国に画一的なスプロール型都市空間を生み出してきた(図2-1)。しかし、成長核論は、グローバル化のもとで工場の海外展開が進む現代においては、すでに時代遅れの地域開発論であることは否めない。

産業クラスター論

　グローバル化の時代の始まりとともに、先進国では工場の海外立地が進み、工業団地等のインフラ整備をしても工場立地が進まないどころか逆に工場の撤退が進み、製造業の空洞化が急速に進行するという現象が顕著になってきた。このような状況のなかで登場したのが、アメリカの経営学者M・ポーターによる産業クラスター論である(Porter 1990)。ポーターは、地域の活力の源泉は地域の競争力にあると規定した上で、地域に存在する産業クラスターを強化することが競争力の強化につながることを提唱した。

　産業クラスターとは、ある地域に集まって立地し、①特定の産業分野(ポーターの挙げる例で言えば、カリフォルニアのワイン・クラスター)の企業、②関連する支援企業(サプライ関連企業やマーケティング支援コンサルタント企業のような対ビジネス・サービス企業等)、③産業支援政府機関・研究機関・商工会議所や業界団体等の産業を支援する機関の集積、および、④地域内に存在する当該産業に対するマーケット、の総体とそれら要素間の連携として理解できる。したがって、産業クラスターを強化するためには、これらのクラスターの要素のうち、当該地域には存在しない要素を補っていくことが必要となる。さらに、産業クラスターの要点は、これらの各要素が有機的に連携していることにあるから、企業間の連携や産学官連携を、協議会などの公式的なものから企業経営者間の集まり等の非公式的なも

のまで、地域のなかで重層的に積み上げていくことで、地域のある産業のなかに協調のかたちをつくりあげていくことが重要となる。

産業クラスターのモデルとして世界的に有名なのが、第三イタリアと呼ばれるイタリア中部地域、とりわけ、エミリア・ロマーニャ州である。同州内の各都市には、包装機械業の集積するボロ

図 2-1　成長核論的地域開発により進められてきた画一的な郊外都市開発

ーニャ、フェラーリで有名なモデナ、パルマ・ハムのパルマなど、特定産業の中小企業が集積する世界的に競争力の高い産業クラスターが存在している。州政府も、強力な活動を展開する州商工会議所とも連携しつつ、ヨーロッパでも有名な産業メッセを開催するほか、特定産業にしぼった産業支援機関を各地域に創設し、マーケティング情報を提供するなど地に足のついたビジネス・サービスを展開している(Cooke and Morgan 1998)。

特に、本書の文脈から注目されるのは、エミリア・ロマーニャ州の高い起業率である。ボローニャ市の起業家ネットワークの形成プロセスを調査した稲垣(2003)によれば、ボローニャ市の包装機械業では、組織を超えて展開する多層的でインフォーマルなネットワーク(近所付き合い、幼なじみ、ボローニャの高専卒業生、旧職場等)が人的資源を結びつけることで、連鎖的なスピンオフ型の起業が果たされている。このような姿は、まさに、小さなプロジェクト組織が地域の価値観を共有する人的ネットワークから生まれることで次々と起業が展開されるという、クリエイティブ・タウンの目指す姿のモデルのひとつと言える(図2-2)。

創造的地域論

2000年代以降に地域活性化論の大きな潮流となってきたのが、創造的地域論である。P・クックらの提唱する創造的地域とは、イノベーションが次々と生まれる地域のことであり、このような地域においては、地域イノベーションシステ

図2-2 仕事帰りにまちの中心にある教会前の広場に三々五々集まって話し込む人びと(イタリア・ボローニャ)

ム(知識文化、ソーシャル・キャピタル、グローバルなネットワーク関係、支援機関、地域におけるイノベーション促進政策等の総体)、地域内に存在する産業クラスター、知識移転の仕組み(知識交流コミュニティ、R & D(Research and Development)機能のアウトソーシングの仕組み)が重要な役割を果たしていることが明らかにされてきた(Cooke and Schwartz eds. 2007)。

クックの創造的地域論とはやや論点は異なるが、同様の文脈のもとで地域の発展を論じているのが、R・フロリダの創造的資本論である(Florida 2002)。フロリダは、地域の発展は創造的人材(クリエイティブ・クラス)が集積するかどうかによって決定されることを提唱し、創造的人材のもつ経済的資源を創造的資本と呼んだ。そして、創造的人材(具体的には、科学者・技術者、アーティスト、創造的経営者等)を惹きつけるものとして有名な3T(テクノロジー(技術)、タレント(才能)、トレランス(寛容さ))を挙げ、アメリカにおける都市の経済成長率と3T指標との相関性を実証的に示した。

このうち、技術と才能については、創造的人材の集積という意味では「にわとりと卵」の関係にあるとも言えるので、なかでも重要なのが寛容さということになる。かれは、都市における同性愛者の割合を寛容さの重要な指標として採用しているが、その理由は同性愛者を受け入れるような寛容性のある都市は、個性的な創造的人材を受け入れる寛容性を併せもつからである。個性的なライフスタイルをもつ創造的人材は、社会が硬直的な東部の伝統的工業都市であるデトロイトのような都市では居心地が悪く、南部のオースティンや西部のシリコンバレーのような柔軟で寛容性の高い都市に惹かれて移住し、それによって地域の3Tがさらに高まるという好循環が生まれている。

特に、フロリダは、創造的人材を惹きつける寛容な都市の要件として、①ライフスタイル(音楽、アート、最新テクノロジー、アウトドア等の多様性のあるライフスタイル)、②社会的交流(仲間の間での気軽なおしゃべりのできる場)、③多様性、④どこにでもあるものではない本物感と固有性、⑤ストリート上での活動への参加の機会のように、ダイナミ

図2-3 メインストリートを歩行者と無料バスの専用空間に転換して多様な人びとが触れ合うストリートライフが生み出されている(アメリカ・デンバー)

ックで参加的な経験のできる質の高い場所性、といったポイントを挙げている(図2-3)。これらの要件はクリエイティブ・タウンの目指すところと本質的に一致しているものである。

わが国では、佐々木(2001)が、芸術文化を中心に据えた創造都市の考え方を示し、創造都市政策として、文化的価値と経済的価値が両立する文化的生産システム、芸術文化を知識情報社会の中心的な社会インフラとして市民の創造性を引き出す制度設計を提唱している。創造都市戦略の実践例として有名なのは、金沢市である。金沢市は、クラフト創造都市構想を掲げ、創造的な文化活動と革新的な産業活動の連環による金沢独自のクラフト文化に支えられたものづくり産業の育成を目指しており、条例制定を通じての歴史的町並み保全の積極的な推進、金沢美術工芸大学や金沢職人大学校設置等のもとでの金沢固有の職人技術の継承、金沢市民芸術村や金沢21世紀美術館設置に代表されるような新しい市民文化の醸成など、総合的な創造都市戦略を進めており、今後の展開が大いに注目される。

上述したように、地域産業発展論の主流は、戦後の日本の地域開発の基調であったリーディング産業の誘致を基本戦略とする成長核論から、地域資源をベースとした地域産業の発展を目指す産業クラスター論や、地域の個性を高めて創造的人材の流入やイノベーション力の向上を図る創造的地域論へと大きく変化しつつある。代表的な創造的地域論者のクックは、創造的地域で起こる発展の特徴を生

成的成長(Generative Growth)と呼ぶ(Cooke and Schwartz eds. 2007)。本書の提唱するクリエイティブ・タウン論は、まさに地域における生成的成長を目指すものであり、その意味で、このような転換の流れのなかに位置づけられるものである。

2 求められる国の制度と仕組みの転換

ビッグデータから描かれる国土構造の転換

　近年では、インターネットの発達、グローバル化の進展といった背景のもとで、今や、全国どこからでも、情報にしろ、モノやお金にしろ、世界とリアルタイムかつ双方向のやり取りが可能となっている。すなわち、情報、モノ、お金の流れがネットワーク型へと変容しつつある。地理的にみても、かつては、あらゆる都市的機能が都市の中心に集積立地していたのが、郊外にショッピングモールやロードサイド型店舗が展開し、大型病院の郊外立地が進み、さらには、県庁や市役所、スポーツ公園、文化施設などの公共施設も自動車によるアクセスの便利な郊外に分散的に立地している。この結果、都市構造は大きく変容し、都市はかつてのような明確な求心的構造ではなくなっている。

　この点は、最新の企業間取引ビッグデータの分析から観察される都市圏のネットワーク構造からも確かめられる。福田・城所ほか(2015)では、全国の企業をその企業間取引ネットワークの特性に基づいて、コネクター型(地域内の産品を地域外へと販売するタイプ)、レセプター型(地域外の産品を地域内へと販売するタイプ)、グローバル・リンク型(地域外との取引が卓越するタイプ)、ローカル・サービス型(地域内でのローカルな活動が卓越するタイプ)に分類し、都市規模別にみた各類型企業の空間分布を分析している。都市中心部の企業間取引ネットワーク上の地位を読み取ると、大都市(都市圏人口100万人以上)では、都市中心部(1.5キロメートル圏)でグローバル・リンク型の企業すなわち広域的に活動する企業の本社が立地する傾向が顕著であり、企業間取引ネットワークのハブ機能をもつことがわかる。一方、地方中核都市(都市圏人口30万~100万人)、地方中心市(都市圏人口15万~30万人)では、どのタイプの企業も都市中心部での卓越性はみられず、人口や従業者の分布と同様に、企業活動のネットワークからみても、地方都市の構造がかつてのような中心市街地を要とする階層的な構造ではなく、明確な中心をもたない構造へと転換したことが指摘できる。

求められる国土政策のパラダイムシフト

　明治以降、日本は一貫して、東京を頂点とする中央集権的な国土づくりを進めてきたが、特に戦後の国土開発計画を通じて、効率性を重視した「大都市(中枢機能)→中小都市(サービス機能)→地方(生産機能)」という階層(ヒエラルキー)的・均一的な国土構造が形成されてきた。結果的に、たとえば、地方都市の駅前はどこに行っても見分けがつかないというような、ややもすれば画一的な地域開発が進められてきた側面は否めない。しかし、国土開発の時代は過去のものとなり、上述したように地域開発のメイン・ストリームは、創造的地域論へと転換している。創造的地域論のもとでの国土政策の重要な目標は、言うまでもなく「創造性」であろう。さらに、東日本大震災後の社会のあり方を考えると、地球温暖化のもとでの気候変動、頻発する自然災害、グローバル化のもとでの経済・社会の不安定化、人口減少、超高齢社会の到来といった、ますます不安定化する現代社会においては「レジリエンス(回復力)」もまた重要なキーワードである。

　表2-2に、効率性を原理とする国土政策モデル(ここでは産業都市モデルと呼ぶ)と創造性とレジリエンスを原理とする国土政策モデル(クリエイティブ・タウン・モデルと呼ぶ)を総括的に示した。国土政策の観点からみた両者の重要な違いとして、産業都市モデルが役割分担型であるのに対して、クリエイティブ・タウン・モデルは自己組織化型であることを指摘しておきたい。役割分担型とは、たとえば、東京は大企業本社・金融機関本店等の中枢管理機能の集積、地方都市は工場立地、農山漁村は一次産業基地というように、あらかじめ決められた固定的な役割分担のもとで各地域の発展を図るという計画論のことである。生活サービス機能についても、たとえば、専門的病院は大都市、総合病院は地方都市、農山漁村はクリニックというような階層的構造による施設配置も、役割分担型モデルの典型といえる。

　それに対して、自己組織化型とは、それぞれの地域の個性に即しつつ地域間の相互作用のもとで、時代の要請に合わせてそれぞれ特色ある地域が形成され、その連携のもとで国土全体の創造性とレジリエンスが進化するという生命論的計画論である。たとえば、6次産業化の波やマーケティングと研究開発の融合や研究開発と生産の融合なども大きく進んでおり、今後、インターネットに代表されるICT活用の拡大により、ますます、この流れは進展していくことが予想される。このような状況のなかでは、1次産業、2次産業、3次産業あるいは、経営、研

表 2-2　国土政策のパラダイムシフト

	産業都市モデル (単目的的機械論モデル)	クリエイティブ・タウン・モデル (複雑系生命論モデル)
原理	効率性	創造性・レジリエンス
構造	ヒエラルキー(階層)型	ネットワーク型
機能	役割分担型・政策的な画一的機能分担・1次、2次、3次産業の分業 ●経営、研究開発、生産、販売の垂直分業が図られる ●都市規模による都市サービスの垂直的配置(高次→低次)	自己組織化型・地域間相互作用に基づく特色の分化 ●6次産業化、マーケティングと研究開発の融合/研究開発と生産の融合等、機能融合が進む ●規模にかかわらない特色ある都市サービスの展開
推進力	企業誘致	ライフスタイル産業 アイデアの実現
ツール	インフラ投資	ライフスタイル彫琢への投資

究開発、生産、販売といった垂直分業はますます意味をなさなくなり、大都市も中小都市も小さなまちやむらも同じように複合的な機能を併せもつ機能融合型の地域形成が進むことになるであろうし、政策的にもそのように誘導するのが望ましいであろう。

　ただし、ここで言う機能融合とは、大都市から小都市まで生活に必要な都市機能をフルセットで整備するという、前時代的なフルセット型政策とはもちろん異なる。その地域独自の条件、すなわちライフスタイルを活かした機能を選択的に複合させていく戦略を意味している。たとえば、医療サービスの例で言えば、自然と共生するライフスタイルをベースとしたようなメディカルツーリズム型専門病院が農村に立地し、日本全国のみならず世界から顧客を受け入れるというようなことも期待できよう(図2-4)。国土を自己組織化型ネットワーク型へと進化させていくような制度と仕組みを構築していくことが求められている。

メニュー型まちづくりからブリコラージュ(手仕事)型まちづくりへの転換

　クリエイティブ・タウン・モデル型の国土政策を進めるためには、どのような制度転換が必要であろうか。2000年に地方分権一括法が施行されて以降、地方分権が進められ、自治体が一定の自由度をもった政策決定を行うことができるよ

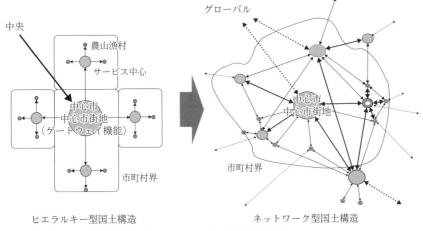

図 2-4　国土と地域構造の変容図

うになってきている。しかし、まちづくりに関わる制度については、都市計画制度にしろ、中心市街地活性化に関わる制度にしろ、選べる規制や事業の種類はあらかじめ国の制度で定められているメニュー主義のもとにある。東日本大震災復興事業もまた同様に、事業の組み合わせには自由度があるにしても、復興の主役と位置づけられた自治体が復興交付金を活用して行える事業の種類はあらかじめ定められている。メニューの内容は、以前の定食メニュー、すなわち、自治体の自由度のない個別事業に対する補助事業型から、あらかじめ示された補助事業のなかから自治体が自由にその種類や規模を選択することのできるアラカルト・メニューへと変わってきており、アラカルトの種類自体も次第に増加し、かつアラカルト・メニューの工夫に対する許容範囲も以前に比べると格段に上がってきている。また、特区制度により、自治体が国の規制の緩和を提案する余地も生まれてきている。このように、確かに自治体の自由度は増してきているが、国によってあらかじめ規制や事業の種類と内容が定められているという点で、基本的にはヒエラルキー型の仕組みから脱却できていない。

　特に、地域固有のまちづくりを進めていく上で重要な都市計画制度についてみると、土地利用規制の種類が、東京の都心部でも小さなまちでも、地域地区制度により一律に国の制度で決められているという、考えてみれば相当に奇妙な制度であり、自治体が制度の枠組みまでも決めるのが基本となっている世界の潮流の

なかでも、かなり特異な制度体系であると言わざるを得ない。近年では、まちづくり条例の制定や地区計画などを通じて、自治体がそれぞれ工夫をこらして地域の実情にあったまちづくりを展開しようとしているが、根本の土地利用制度の枠組みをかえることはできないために、地域固有のまちづくりという点では十分な効力を発揮することが難しい場合もある。

　メニュー主義に基づく制度は、クリエイティブ・タウンの目指す地域のライフスタイルを彫琢するまちづくりを進めるという考え方からは相当に遠い。地域固有のライフスタイルに合わせた土地利用の枠組みを自治体が定めることができるような抜本的な法制度の改正、すなわち、メニュー型からブリコラージュ型（自治体がそれぞれの固有の条件に合わせて枠組みを決定できるような仕組み）への転換が強く望まれる。さらに、平成の大合併のもとで、都市的な地域と農山漁村の間で広く合併が進んだことを考えると、広域合併市においては、市域内でも都市部から山間部、平野農業地域、海岸地域までライフスタイルの大きく異なる地域条件が含まれることになった。このような地域では、たとえば旧市町村レベルでの抜本的な都市内分権を進めていくことも重要な課題となろう。

　かつての急速な都市化の時代にあっては、都市化のスピードに遅れずに最低限の性能を備えた市街地をいかに拡大していくかが重要な課題であった。このような状況では、全国一律の制度のもとで効率的な都市整備を進めていくという考え方がとられた事情は理解できる。しかし、人口減少に加えて大地震や気候変動のもとでの激甚災害への備えが大きな課題となっている現在は、かつての都市化の時代とは逆に、市街地をいかに再編し、どのように自然を回復していくかが大きな課題となっている。すでに、中山間部における限界集落（65歳以上年齢人口が5割以上の集落）の増加や都市郊外部での空き地・空き家の増加、中心市街地での空き店舗の増加など、問題山積の状況にある。市街地の再編といっても住民との丁寧な合意形成と協働のもとで進めていくことが必要であるし、創造性の観点からみて多様な地域の自然条件やライフスタイルが失われないようにする（逆に発掘・彫琢していく）ためには、全国一律のメニューに基づくのではなく、地域ごとの固有の条件に合った固有の規制や事業をそれぞれにつくりあげていくという丁寧なまちづくり、すなわち、ブリコラージュ型のまちづくりを進めていくことが必要である。

3　クリエイティブ・タウンの胎動

　前節で述べたようなさまざまな制度的課題がありつつも、さまざまなまちで、クリエイティブ・タウンに向けての大きなうねりが始まっている。本節でいくつかの先進的なまちの試みを紹介したい。事例都市の選定にあたっては、各都市における中心市街地活性化事業の進め方の特徴を、図2-5に示すように類型化した上で、それぞれの類型に当てはまる都市を、中心市街地活性化の好事例として文献等でとりあげられることの多い都市から選定した。類型化にあたっては、まず、中心市街地活性化の方向性に関わる意思決定と実施のあり方に関わるガバナンス軸と、中心市街地事業のマネジメントの仕方に関わるマネジメント軸の2軸を設定した。ガバナンス軸では、どちらかといえば行政が主導して事業展開を図っている行政主導型と、行政と民間が概ね対等に協働することで事業展開を図っている協働型に分けた。マネジメント軸では、どちらかといえば行政の中期的な計画のもとで事業を展開する計画先導（Proactive）型のスタイルをとっているか、そのときどきの外的環境の変化に対応していく適応（Adaptive）型のスタイルをとっているかで分類した。

　図2-5で第1象限にあたる類型は、ここでは「協働型」と名付けたが、理念的には、行政と民間が合意した中期計画のもとで協働して事業を進めていくようなタイプである。第2象限にあたる類型は「行政主導型」と名付けた。行政が主導して中期的な計画のもとで事業を展開するスタイルである。第4象限は、行政の支援のもとで民間が主体となって柔軟に外的環境の変化に対応していくというイメージであり、「民間主体型」と名付けている。外的環境に柔軟に対応するにもかかわらず、行政が民間と協働しないということは実態として考えられないので、第3象限にあたる部分は空白となる。

行政主導型アプローチの事例
■八戸市
　青森県八戸市は中心市街地活性化のみならず定住自立圏の先進事例としても有名であるが、全国有数の漁港があることから水産加工業が集積し、また1964年の新産業都市指定後、三菱製紙をはじめとして急速な製造業の集積が進み、理系

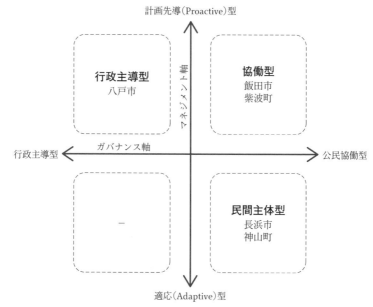

図 2-5　中心市街地活性化事業アプローチの類型化

の八戸工業大学や八戸高専、起業やスポーツの分野に強い八戸学院大学といった、特色ある研究・教育機関を有するという強みがある。

　ライフスタイル産業の創造の観点からみた八戸市の特質は、八戸市直営施設である八戸ポータルミュージアム「はっち」の活動に象徴されている(図2-6)。東日本大震災直前の2011年2月に中心市街地の真ん中で開館した「はっち」の事業コンセプトは、「地域の資源を大事に想いながら、新しい魅力を生み出していく」であり、そのコンセプトのもとで、会所場づくり(誰でも気軽に立ち寄れる空間づくり)、貸館事業(シアター・和室・ギャラリー)、自主事業(中心市街地のにぎわい創出、文化芸術振興、ものづくり振興、観光振興)の3つの事業を行っている。

　「はっち」来館者は、開館後4年半で400万人を超え、「はっち」が呼び水となって、中心市街地にIT企業の集積が進むなど、中心市街地がイノベーションの場として生まれ変わりつつある。「はっち」隣接地では民間事業者による再開発も実施され、新たなパブリック・スペースとして屋根付き広場(マチニワ(仮))に加えて、市直営のブックセンター、カフェ、IT企業のYahoo!などが入居し、「はっち」と一体となって、クリエイティブな活動の場が創出されている。

図 2-6 「はっち」(八戸)
（注）自由に立ち寄れるおしゃれなスペース(左上)。夜は演劇や音楽などのイベントスペースにもなる(右上)。企業スペースのものづくりスタジオ(下2点)。

　「はっち」の成功の核心は、「はっち」の進めるアーティスト・イン・レジデンスを通じた地域の資源の発見の仕方に凝縮されている。上述の事業コンセプトのもとで「はっち」のアーティスト・イン・レジデンスの取り組みは当初より市民を巻き込むコミュニティ・アートに焦点をあて、地域の資源をアーティストの力を借りて新しい視点から再発見し、地域の課題を解決する試みを積み上げることを重視している。その過程で既存のコミュニティを超えた新しいつながりが生まれ、新しいアイデアを喚起することが目指されている。この意味で「はっち」の取り組みは、ライフスタイル産業の創造を構成する重要な要素である「ライフスタイルの発掘・彫琢」の先進的な事例である。

　クリエイティブ・タウン形成の観点から見ると、やはり、「はっち」の位置づけが大きく、「はっち」館内にはさまざまな場所にフリースペースが設けられ、人びとが自由に利用できる場所を提供しているほか、アーティスト・イン・レジデンスの場としても利用されるスタジオがある。「はっち」のスペース管理の特

徴は、市の直営施設でありながらも、徹底して利用者の使い勝手に寄り添うという姿勢であり、ヒアリングからは、規則ありきではなく利用者と一緒に使い方を考えるという立場が貫かれているという強い印象を受けた。

　なかでも、クリエイティブ・タウン形成の観点から注目されるのは、八戸学院大学の大谷真樹学長が主催する起業家養成講座である。起業家養成講座は、みずからも起業家である大谷学長が、商工会議所や地元出身学校の同窓会に代表されるような縦社会的関係性とは異なる、起業を志す者同士、あるいは起業者と出資者との、新たな、いわば「斜め」の関係性（本書の文脈で言えば、「弱いつながり」）を構築することを通じて、八戸から起業家を輩出することを目的として開催している講座であり、講座卒業生からいくつも興味深い起業の事例が生まれている。八戸学院大学は郊外に立地していることから、中心市街地に立地しているためにアクセスがよく、クリエイティブな雰囲気をもつ「はっち」のスペースを利用して、同講座を開催している。この事例は、まさに、上述したようなクリエイティブ・タウンの重要な特徴である、自由なパブリック・スペースと起業支援ネットワークが結びつき、オープンなネットワーク、アイデアの喚起・投資、新たな産業の創出が展開されている事例として捉えることができる。

協働型アプローチの事例
■飯田市

　長野県飯田市も、八戸市同様、中心市街地活性化・定住自立圏の先進事例として有名である。飯田市は拠点集約連携型都市構造構想を打ち出しており、そのなかで中心市街地は中心拠点として位置づけられている。中心市街地活性化基本計画の基本方針として、①「地域固有の価値の再認識」、②「暮らしの視点からの新たな価値創造」、③「多様な主体の連携と交流によるまちづくりの推進」、④「アクセスしやすい都市交通基盤整備」の４点が挙げられているが、本書の文脈で言えば、①②は、まさに「ライフスタイルの彫琢」にあたる。

　ライフスタイルの彫琢の観点からみて、飯田市で中心的な役割を担っているのが、1947（昭和22）年の飯田大火の復興のシンボルとして整備された「りんご並木」である。「りんご並木」は、復興のシンボルというストーリー性と、まちの中心を貫くパブリック・スペースという場所性から、飯田市の「心の拠り所」「多様な市民活動の場」「人と人をつなぐ交流の場」「アイデンティティを育む場」

として位置づけられ、中心市街地活性化事業においても、魅力的なストリート・スペースとして整備された。地元事業者が中心となって設立された第三セクターまちづくり会社の株式会社飯田まちづくりカンパニーが主体となって取り組んできた市街地再開発事業等の主要な中心市街地活性化事業も、「りんご並木」沿いに集中している。「りんご並木」を媒介として、毎月開催される「りんご並木」での歩行者天国イベント（年間来場者14万人以上）を介してつながる「りんご並木まちづくりネットワーク」（所属団体約30団体）や、中心市街地と「りんご並木」を市民の楽しみや期待が集積する「まち」とすることを目指す市民グループであるIIDA WAVE、中心市街地での創業支援を行うNPO法人「いいだ応援ネットイデア」等、意識の高い市民による新しいオープンなネットワークが生まれてきていることも注目される。すなわち、「りんご並木」が、まさにクリエイティブな雰囲気をもつパブリック・スペースとして機能していることが指摘できる。

また、飯田市地域経済活性化プログラムでは、重点プロジェクトとして、「若者が帰ってこられる産業をつくる」、「飯田市への新しい人の流れをつくる」のふたつが挙げられ、前者の主要事業として、旧工業高校跡地を利用した産官学連携の「知の拠点」の整備、後者の主要事業として、「飯田だから実現できるライフスタイルの提案」として子育て環境の充実、農ある暮らしの提案が強調されているが、この方向性は、まさに本研究の提示するライフスタイルを活かした産業の創造に沿ったものとなっていることも指摘しておきたい。

■紫波町

PPP（Public Private Partnership：公民協働）によるまちづくりで有名な岩手県紫波町は、2007（平成19）年に公民連携元年を宣言し、東洋大学の支援のもとで、町民ワークショップを重ねて町民の合意形成を図ってきた。その成果として、塩漬けとなっていた駅前の町有地（10.7ヘクタール）を公民連携（PPP）により活用し、人の集まる拠点として、公共図書館、子育て支援施設、産直市場、サッカー専用コート、バレーボール専用体育館、宿泊施設、カフェ、居酒屋レストラン、保育園等の官民複合施設により構成されるオガールプロジェクトが進められている。オガールプロジェクトを進めるにあたっては、行政と連携してエリア・マネジメントを行う主体として、2009（平成21）年に第三セクターのオガール紫波株式会社が設立されている。オガールプロジェクトの手法上の特色は、PPP方式による

身の丈開発であり、目一杯容積率を利用することを前提として開発を行うのではなく、まずテナントを確定してから必要な建物ボリュームと採算コストを算定し、その条件のもとで可能な開発を勘案して異なるスキームで行った点にある。

オガールプロジェクトの立地場所は、旧商店街とは距離的にやや離れた地区にある。その意味で、この事例は、新たなまちの中心の創出の事例として位置づけられる。このような紫波町の事例は、特にクリエイティブ・タウン形成の観点から見て興味深い。すなわち、町有地の有効活用（不動産価値の向上）という目的を達成するために、まずは、ライフスタイルを重視する人が集まる場（特色ある専門スポーツ施設、特色ある図書館、スタジオ、産直市場等）をつくることを追求し、結果的に町内のみならず、町外からも広域的に人を集めることに成功している。その結果、カフェ、居酒屋、ショップなどが集まりエリアに活気が生まれ、地区の価値が上昇し、土地賃料が上昇するという好循環プロセスを実現している。

民間主体型アプローチの事例
■長浜市

第3章において、その実践について詳しく論じられるが、滋賀県長浜市は、よく知られた中心市街地活性化の先進事例であり、第三セクターのまちづくり会社である株式会社黒壁が中心となって、1980年代以来、ガラス文化観光を中心とした中心市街地の再生を果たしてきた。この黒壁の中心的役割を担ったのが、当時、長浜青年会議所に所属していた中小企業・地元商店経営者たちであった。観光により中心市街地の人通りがもどった結果、近年では、商工会議所主導で設立された長浜まちづくり株式会社が中心となっている空き店舗紹介事業等を通じて、地域内のやる気のある事業者が中心市街地で新たな事業を始める動きも出てきている。神前西開発株式会社による不動産開発と市の中心市街地活性化計画の組み合わせ事業による空き家再生事業、「長浜うらくろ通り」と銘打った商店街活性化活動、UIJターンをした若者が中心となっているKOKOKUの地域魅力発信事業は、その例といえる。

長浜の事例は、ライフスタイル産業の観点から見ると、町並み文化というライフスタイルを彫琢することにより、ガラス文化という新しいアイデアが喚起され、そのアイデアに対する投資を通じて、観光産業というライフスタイル産業を生み出した典型的な事例として解釈できる。クリエイティブ・タウン形成の観点から

見ると、立ち上げ期の黒壁がハブとなって、ガラス文化と町並み文化の保全という特色あるキーワードのもとで志ある人のネットワークをつくりだしたことが、まちの再生に大きな力となったことが指摘できる。

■神山町

　神山プロジェクトとして有名になった徳島県神山町における地方創生のプロセスは、まさにクリエイティブ・タウン・モデルのもとでの地域活性化の好事例である。神山プロジェクトは、2017年で18年目を迎える神山アーティスト・イン・レジデンスから始まった。神山アーティスト・イン・レジデンスの目的は、評価の定まったアーティストの作品を集めて観光客を集めることではなく、制作に訪れるアーティストの滞在満足度を上げるとともに、住民が制作に参加することを通じて神山町のもつ「場の価値」を高めることにある。すなわち、ライフスタイル産業創出の文脈でいえば、ライフスタイルの発掘と彫琢である。たとえば、2012年のアーティスト・イン・レジデンスにおいて出月秀明氏により制作された「隠された図書館」は、記憶の共有の場として、神山町の住民が人生で3回、卒業、結婚、退職のときだけ本を収めることができるというアート・プロジェクトであるが、神山町に住むことの意味についての深いメッセージを発しているように思う。まさに、地域のライフスタイルの発掘と彫琢を通じて、「場の価値」を高めるとは何を意味するのかを直接的に教えてくれる作品といえそうである。

　また、神山プロジェクトで重要なポイントとなっているのが、NPOグリーンバレーが指定管理者として運営する、神山町移住交流支援センターのワーク・イン・レジデンス戦略である。通常の移住促進支援施策においては、移住希望者の居住に対する意向と移住地の条件のマッチングが移住促進の観点から重視されるが、この場合、移住希望者のために雇用をいかに確保するかがネックとなり、実現に至らない場合も多い。これに対して、神山町の場合、逆に、アート・イン・レジデンスの考え方から発展したワーク・イン・レジデンスの考え方のもとで、もともと移住しても働くことが可能な人や起業家に、ホームページ「イン神山」での神山ライフスタイルの発信を通じて、豊かな自然のなかでアウトドア感覚で働くという、神山町でのワーク・ライフスタイルの魅力をアピールし、誘致するという戦略をとっている。この結果、働く場所を選ばないITやデザイン関係などの職種や、広域的に顧客を集めることのできる特色あるお店(ビストロ、カフェ、

図 2-7　空き家・空き店舗のリノベーションによる IT 関係のサテライトオフィスや移住者のショップが集積した旧商店街(神山町)

パン屋、ピザ屋、靴屋などがすでに開業している)を開く職人の誘致に成功し、2011年以降は、転入者の数が転出者を上回り、しかも転入者の平均年齢が 30 歳前後で子どものいる世帯が多く移住してくるという好循環が生まれている。まさに、ライフスタイルへの共鳴現象が起きていることがわかる。

　さらに、2015 年までに IT、映像、デザインなどの企業 12 社がサテライトオフィスを神山町に設置し、東京の本社からの循環滞在者が常駐すると同時に、そのなかから神山町のライフスタイルに共鳴して移住する人も生まれているほか、地元の若者にやりがいのある雇用を提供する場ともなっている。特にクリエイティブ・タウン形成の観点から注目されるのは、これらのサテライトオフィスやワーク・イン・レジデンスの多くが神山町の旧商店街の空き店舗・空き家をリノベーションして活用している点であり、同じく旧商店街の空き店舗をリノベーションし、移住者を誘致して開いたビストロ、カフェなどの場を通じて親密でクリエイティブな交流の場が形成されている点も注目される(図 2-7)。サテライトオフィスを設置した IT 企業家へのインタビューでは、神山町の優位性として、東京のような大都市では大きすぎて、異なるフィールドの人と交流する機会が逆に限られるが、神山町では、同じく神山ライフスタイルに惹かれて移住・滞在するアーティスト、デザイナーなど、多様な人びとと交流する機会があり、東京とは異なる刺激が得られるとの証言を聞くことができた。また、インキュベーション・スペースとして、徳島県、神山町、NPO グリーンバレーが資金を持ち寄り、もと縫製工場をリノベーションして、コワーキング・オフィスの神山バレー・サテライトオフィス・コンプレックスが 2013 年 1 月にオープンしている。

NPOグリーンバレーは、神山ライフスタイルを学ぶ神山塾を毎年開催しており、神山塾に参加した多くの若者が神山ライフスタイルに共鳴し、移住していることも注目される。
　神山町で実現できる新たな仕事のスタイルに共鳴する外部の人や企業家とのネットワークは、外部の人や移住者が仲介役となることも多く、まさに「人が人を呼ぶ」構図が生まれており、山あいの小さなまちがクリエイティブ・タウンとして変貌する様子は、感動的である。

II
クリエイティブ・タウンの実践

高松丸亀町商店街再開発。かつての札の辻にできたドーム広場で楽しむ人たち（110ページ参照）。

クリエイティブ・タウンの実践 ❶

第3章
3ポイント・アプローチ

▎1 「デザイン」「ビジネス」「スキーム」

　クリエイティブ・タウンの背景、意味や必要性が明らかになったところで、本書の後半はその実現のための方法を具体化していく。まず、序章冒頭に記述した、クリエイティブ・タウンの定義を思い返すことから始めよう。

　クリエイティブ・タウンは、地域全体の風土に根ざした内発的産業の発展を牽引する機関車として、地域の中心都市の「まちなか」を再生してつくる、地域独自のライフスタイルを支え・育み・強め・発信する拠点である。クリエイティブ・タウンを支えるのは次の2本の柱だ。①中心都市の傷んだまちなかを、デザイン・コードに従って連鎖的に開発し（あるいは保全し）、美しく快適な町並みを回復する「まちなか再生」、②そこに地域に必要な市民サービスを充実するとともに、その地域固有のライフスタイルに根ざした産業をおこす「ライフスタイルのブランド化」。

　「まちなか」の規模は、数ヘクタールからせいぜい数十ヘクタールまで。規模が大きく、政策効果がうすくなりがちな、中心市街地活性化法の「中心市街地」とは一線を画す。その「まちなか」に、地権者の合意が形成されやすい単位で、小規模のプロジェクトを集中的・連鎖的に実施、集積によって魅力をつくっていく。地方都市の中心市街地では、ポテンシャル低下に伴い、開発原価とマーケット・バリューの逆転現象が起きている（投資に見合う不動産価値が得られない）。集中的な開発および資金投下でエリアとしての競争力を復活させ、スタート時には公的支援が不可欠としても、その後は民間投資の循環が起こるようにする。集積が、成功するビジネスモデル構築のカギだ。

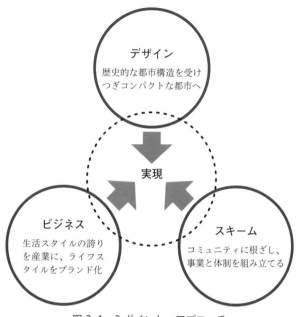

図 3-1　3 ポイント・アプローチ

　以上のプロセスが的確かつ順調に進むためには、適切なマネジメントが欠かせない。たとえば、
　①美しく快適な町並みが再生するためのデザイン・コード
　②歴史的建物を保存・活用したり、共同で建物を建てる場合の、権利の調整や資金調達のマネジメント
　③土地や建物が、まちづくりにふさわしい内容で使われるよう、土地の所有と利用を分離し、さらに適切な利用を実現するマネジメント
　④ライフスタイルのブランド化を進めるための、かつての大店にならったプロデュースのシステム

　これらマネジメントを中心的に担う主体はコミュニティを措いてほかにない。住民はじめ、まちなかに関わる人びとが、専門家や企業の協力を得て、ディベロッパー(まちづくり会社)となっていく。

　以上から、クリエイティブ・タウン創出に不可欠なポイントが 3 つに整理できる。第 1 に「美しく快適で住みよいまち」、第 2 に「ライフスタイルのブランド化」、そして第 3 に「コミュニティ・ディベロッパー」。それぞれ、「デザイ

ン」「ビジネス」「スキーム」という3つの柱にまとめられる。これを3ポイント・アプローチと呼ぼう。

　以下の実践編では、筆者らが携わり、3ポイント・アプローチのアイデアを育んできた具体事例を通して、「デザイン」「ビジネス」「スキーム」をそれぞれ詳しく検討する。具体事例とは、蔵造りの町並みでにぎわう埼玉県川越市の一番街商店街、町づくり会社・黒壁で知られる滋賀県長浜市のまちなか、町並み型の再開発が進みつつある香川県高松市の一番商店街・高松丸亀町商店街である。そして最後に、東日本大震災で被災した石巻市のまちなかに3ポイント・アプローチを適用し展開する。

　ただし、いきなり3ポイント・アプローチと言っても、ピンとこないかもしれない。3ポイントの各項目に入る前に、各事例の紹介を兼ねて、イメージを描こう。紙幅の制約から、ここでは高松市丸亀町と長浜をとりあげる。

2　高松丸亀町商店街

札の辻にガラスのドーム

　まず中心市街地再生の先頭を行く高松丸亀町商店街。戦後一貫して創意に富んだ商店街活動を展開してきた、全国のモデル的な存在だ。そして十数年にわたり取り組んできたリノベーション事業の象徴が、全長470メートルの商店街の北端にかかる直径25メートルのガラスのドームである。下の円形広場には、高松出身で昨年までニューヨークのソーホーにアトリエを構えていた画家・川島猛氏が描く抽象画の不思議な模様が、ガラス越しに注ぐ光のなかでキラキラと踊る。2007年5月に完成して以来、高松市中心市街地で最もホットなイベント空間となった。週末のイベント会場として申し込みは引きも切らず、選挙のたびに候補者が第一声をあげる場所となった。もともとは城下町時代の町の核・札の辻があった場所で、それが文字通り現代のまちの核として蘇った。

　ドームの設計を担当した坂倉建築研究所大阪事務所からは、平らなガラス屋根にする提案もあったが、デザイン・コードで検討していた通り、ドームにこだわったのは正解であった。空間の一体感を生み出すには、同心円状に中心部が高くなるドームでなければならない。素材を鉄とガラスにこだわったことも正解であった。検討の過程では、コスト、荷重、アーケード規制など複雑な要因がからま

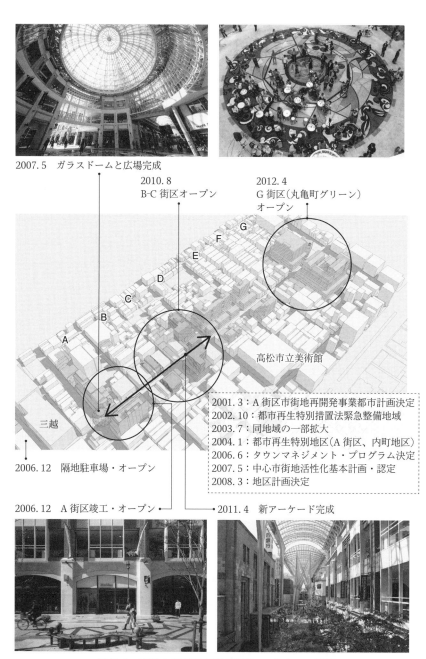

図 3-2　高松丸亀町商店街再開発・これまでの経緯

050

り、ポリカーボネートやアルミニウムへの変更が幾度となく俎上に載った。構造は、流行のトラスではなく、古典的な水平・垂直の材で組み立てることを押し通した。床面について「広場は中高」という原則を貫いた。デザインの重要性を示す一例と言えよう。

　ドームはA～Gの7街区からなる高松丸亀町商店街のいちばん北、A街区の43人の地権者が共同建て替えすることで生み出された広場の上に載っている。A街区の建て替え事業では、土地の所有権は建て替え前と変えていない。つまり、ドームの一部は私有地の上に建っている。地権者たちは地割り線をいったん実質的に帳消しにして、その上に美しい町並みと豊かな公共空間を生み出すよう建物を配置したのである。その建物を所有し運営するのは、地権者たちが設立したまちづくり会社で、上が建物の地権者も、上が広場の地権者も、同じように地代を受け取る。すなわち、地権者たちは土地を共同利用することで望ましいデザインを実現し、土地の価値を高めることに成功したのである。3ポイント・アプローチの「スキーム」とは、このような、デザインを実現するための計画である。「スキーム」は、ここに述べたような基本的な枠組みの構想から、都市再開発法をはじめさまざまな制度を活用し事業として成立させ、完成させ、さらにその後の施設の運営体制を確立するまでを守備範囲とする。

　完成したA街区の建物に入ったのは、主にナショナルブランドのテナントである。三越がすぐそばにあるこの地区では「ハイクラスブランドを集積した大人のファッションとカルチャー」が商業コンセプトで、ブランドショップが集められた。これが、この段階での3ポイント・アプローチの「ビジネス」ということになる。

　A街区の建物を完成し（2006年12月）、ドームを載せた後、高松丸亀町商店街では、BC街区の「小規模連鎖型再開発」に取り組んだ。街区を全面的に建て替えるのではなく、希望者が共同ビルを建て、町並みをつくっていくという方法である。結果としてB街区3棟、C街区2棟の大小5棟のビルが2009年末から2010年春にかけて相次いで竣工した。B街区の商業コンセプトは「A街区の客層を吸引しつつC街区以南へのスイッチゾーン」、C街区は「高感度セレクトショップと上質な日常ライフスタイル型ゾーン」である。地域の資源を活かし、この商店街に来なければないような新たなコンセプトの店舗を生み出すことが課題となった。A街区は言わば他力本願だが、ここでいよいよ地域の商店街としてど

のような「ビジネス」を展開するかの真価が問われる場面となった。その具体的内容が「ライフスタイルのブランド化」である。B街区では、地元の食材を活かした複数のレストランを展開し、C街区では2階に設けた中庭の奥にライフスタイル・ショップ「まちのシューレ963」を、さらにその上に美術館北通り診療所を開設した。「まちのシューレ963」については、章を改めて詳しく紹介しよう。

そして2011年4月、建物の更新が一段落したA～C街区に、全長100メートルのガラスのアーケードが完成した。新しいアーケードは、やはりガラスと鉄材で、法定の地区計画で高さ16.5メートルと定められた低層部の上を覆うように架けられた。従来のアーケードの2倍の高さで、街路は以前よりはるかに明るい、ドームの下と同様に光が踊る快適な空間となった。

高松丸亀町商店街の再開発

高松市は、日本のほかの地方都市と同様、郊外化の著しい都市である。人口1人あたりの大型店売り場面積が日本一で、その結果、大型店単位面積あたりの売上げは43位と、熾烈な大型店同士の競争が展開されている。また、2004年に都市計画のいわゆる線引きを廃止しており、住宅の郊外への拡散が続いている。その分、中心市街地の空洞化が進展している。最盛期は年間1000万人を超えていた丸亀町の通行量は半減していた。高松丸亀町商店街の再生事業は、このような流れに歯止めをかけるべく取り組まれたものだ。事業の結果、通行量は600万人を超えるまでもちなおした。

高松丸亀町商店街の再開発事業は、1988年に行った開町400年祭の折に、500年祭を迎えることができるようにしようと当時の鹿庭幸男商店街振興組合理事長が青年会をたきつけ、商店街の主導で開始された。当時は、本州四国連絡橋の完成が迫り、周辺の駅を核とした再開発事業が進行し、郊外では区画整理が進み、大型店の出店が相次ぎ、商店街では危機感をつのらせていた。商店街近代化のモデルとされてきた高松丸亀町商店街は、商店街政策上は「近代化済み」と判断されていたのだが、なおいっそうのバージョンアップを図ろうとしたのである。この段階では、市も県もいわば商店街に引きずられて支援にまわったのであった。

そして、事業が一段落した現在、高松市は、このまま少子高齢化と郊外化が進行すると、郊外での生活が困難になるとの判断から、2013年度に「多核連携型コンパクト・エコシティ」という構想をまとめ、市内に17カ所の集約拠点（広域

交流拠点 1、地域交流拠点 8、生活交流拠点 8)を設け、その余の都市開発投資を抑制する姿勢を鮮明にした。丸亀町を含む中心市街地は「広域交流拠点」と位置づけられたが、高松丸亀町商店街の成功がこの構想を進めるきっかけになり、自信の根拠となったことは想像に難くない。

現在、商店街ではひき続き周辺で再開発を進めるべく、計画が進行している。

3 長浜

高松市は、香川県の県庁所在都市で、四国の玄関とも呼ばれる拠点都市である。商圏人口は 60 万人といわれ、ビルをつくる再開発が必要かつ可能な都市である。しかし全国には、もう少し規模が小さく魅力的な都市がたくさんあり、まちなかの再生に取り組んでいる。そのようななかでもトップランナーの滋賀県長浜市に、3 ポイント・アプローチの原形を見ることができる。

長浜は、湖北にたたずむ美しい都市である。古いまちは、東西 400 メートル、南北 1200 メートルの長方形で、碁盤目状に割られ、町家が並ぶ。長浜に羽柴秀吉(豊臣秀吉)が城を築いたのは 1575(天正 3)年。ただし、江戸時代に入ってからは彦根藩領となり、商工都市として栄えた。また浄土真宗の古刹・大通寺があり、今でもたくさんの参拝客が訪れる。長浜は門前町でもあった。江戸時代の主要な街道は、琵琶湖に沿った北国街道で、まちなかの琵琶湖よりを南北に貫通する。この北国街道と内陸部へ向かう街道とが交差するところは「札の辻」と呼ばれる。この辻の東北角に、1900(明治 33)年に第百三十銀行長浜支店として建てられ、「黒壁」の愛称で親しまれてきた建物があった。1906(明治 39)年には名古屋に本拠を置く明治銀行長浜支店となり、1931(昭和 6)年に同行が倒産した後は、紡績会社の配送所、煙草専売公社の営業所などを経て、1954(昭和 29)年からは壁を白く塗り替え、長浜キリスト教会として使われてきた。

1987 年、長浜キリスト教会が移転、売りに出された。取り壊され、マンションになるのではないかと心配した地元の人びとは、署名を集め、買い取って資料館にしてほしいと市役所に申し出た。対応したのは、当時商工観光課長をしていた三山元暎さん。三山さんは、市役所が資料館をつくっても町の活性化につながらないと判断、同世代のまちづくりの研究仲間に呼びかけた。呼びかけられたのは、繊維卸、倉庫会社、建設会社、製造業など長浜の経済界を担う経営者たちで

図 3-3　にぎわう黒壁スクエアと北国街道

（注）右の写真の一番手前は空き地に新築して古美術商を、その奥は古い建物を修復して郷土料理店を誘致。ディベロッパーとしての株式会社黒壁の成果のひとつ。

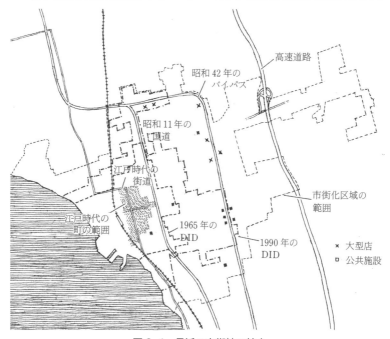

図 3-4　長浜の市街地の拡大

（注）琵琶湖沿いに立地する長浜の市街地は、バイパスをつくるたびに内陸へ広がった。特に 1967(昭和 42)年のバイパス沿いには長浜楽市はじめ大型店が続々と出店。古い町並みには閑古鳥が鳴いた。

（出典）福川・青山(1999)

あった。彼らは資金を出し合って、土地と建物を買い取り、運営する会社を設立することを決めた。まず、市内の企業8社が9000万円の出資を決め、長浜市に呼びかけて4000万円の出資をあおぎ、合計1億3000万円の資本金で株式会社黒壁が設立された。「市が単独で購入したら1億円いるぞ、会社への出資なら半分以下で済むぞ」長浜市へ出資を求める殺し文句であった。

しかし会社を設立する前にも、設立して土地と建物を買い取った後も、この建物で何を行うかがすぐには決まらなかったという。結果から言うと、ガラスを扱うことを決め、古い建物を活かして施設を整備、ヨーロッパへのガラス買い付けを敢行して大成功をおさめるのであるが、この間の奮闘記は半ば神話化されて、黒壁のホームページにも載っているのでぜひお読みいただきたい。

買い取った敷地内には、黒壁土蔵づくりの本館(黒壁ガラス館、1号館)のほか、裏の土蔵をガラスの食器を使った本格的なフランス料理レストラン(ビストロミュルノワール、2号館、現3号館イタリア料理店オステリア・ヴェリータ)にし、ほかにガラスの工房(スタジオクロカベ、3号館、現2号館)、公衆便所(4号館、現在番号なし)、そしてポケットパークが整備された。オープンは1989年7月。オープン後、ガラス館の売上げは、1989年度(9カ月)の1億2300万円をスタートに、毎年7000万円ずつ増やし、10年後の1999年には8億7700万円を達成した。1時間に「ひと4人と犬1匹」しか通らなかった札の辻ににぎわいが蘇った。

以上のサクセスストーリから、長浜においても、図らずも3ポイント・アプローチが実践されていたことが読み取れる。歴史的な建物を保全しそれを活かしていくという「デザイン」。株式会社黒壁というまちづくり会社がディベロッパーになっていくという「スキーム」。「ビジネス」は、ガラス工芸という、歴史的ななかにもハイカラが光る長浜の町並みにピッタリの魅力的な商品を言い当てた。もちろん、これらは偶然の産物ではない。「デザイン」については、1984年に市民がコンサルタントに頼らずつくった「博物館都市構想」があった。長浜のまちを博物館に見立て、歴史的資源を磨き上げ、活かしてまちづくりを進めようという構想である。「スキーム」については、事あるごとに市民が資金を出し合い、問題を乗り越える「伝統」があった。古くは、市政40周年の1983年に、市民が4億3000万円に及ぶ寄付を集めて長浜城を再建した実績があり、大通寺門前のながはま御坊表参道商店街を整備したとき、どうしても空き店舗になる建物を、地元の商店街振興組合のほかに、観光物産協会、観光協会、料理飲食協同組合が

資金を出し合い、観光物産センター「お花館」としてオープンさせた(1987年)。この表参道整備は、それまでに検討してきた、道を広げ高いビルに建て替えて再開発するという計画を転換し、古くなったアーケードを各戸ごとの伝統的な深い庇に変えて古い町並みを再現するという「デザイン」で実施された。ガラスを言い当てた「ビジネス」にも前史がある。まず、季節に合わせて調度を変えていく町家暮らしの伝統があり、1987年には、アートイベントの走りとも言うべき、芸術版楽市楽座(アートインナガハマ)を開始している。作品を中心市街地の店舗のウィンドウなどに飾って、通りをギャラリーにする「ギャラリーシティ楽座」も今では伝統になっている。

　重要なことは、この3ポイント・アプローチでまち全体の再生を展開していったことである。その後の活躍、そして新たに登場した課題については、章を改めて述べよう。

　以上で、3ポイント・アプローチのイメージはつかめていただけたであろうか。以下では、ビジネス(ライフスタイルのブランド化)、デザイン、スキームの順に、ポイントのひとつひとつについて事例を紹介しつつ詳しく論じる。そして最後に、東日本大震災の被害を受けた石巻のまちなかに3ポイント・アプローチを展開してみる。

クリエイティブ・タウンの実践❷

第4章
ビジネス：
ライフスタイルのブランド化

1 まちのシューレ963

「讃岐にようこそ　街にようこそ」。高松丸亀町商店街参番街(C街区)、小規模連鎖型再開発でできた1階にはTOMORROWLANDなどのセレクトショップの入るビル。ビル正面の割れ目に設置されたエスカレータをのぼると「第5章デザイン」で紹介する2階の中庭があり、その奥にライフスタイル・ショップ「まちのシューレ963」があらわれる。「シューレ」は「学校」。「お店に来ていただくことが、衣食住というライフスタイルの学び場となるような場所をつくっていきたい」という意味が込められている。

命名は、奈良で「くるみの木」を主宰する石村由起子さん。963は「くるみ」をもじった。石村由起子さんは高松の出身で、「まちのシューレ963」のプロデューサをつとめた。200坪弱の広い店内は、学校に模して7つのKlasse(教室)からなる。2010年12月にオープンした。

まずメインの入り口を入ったところは「食と道具」。讃岐を中心に四国の多彩な食品が、道具とともに一堂に会する。と言っても、道の駅のようにてんこ盛りの展示ではない。美しくレイアウトされ、丁寧な説明を付してじっくり選んでいただく。あるいは、後述のキッチンスタジオのワークショップやカフェのメニューと連携して紹介し理解を深めていただく。たとえば小豆島のお醤油特集では、ヤマロク醤油「鶴醤」、正金醤油「初搾淡口「生」」、ヤマヒサ醤油「杉樽仕込純正こい口」などを取り揃え、ワークショップ「シューレの島時間〜醤油ソムリエールと楽しむ本物の味」を開催、楽しみながら理解を深めてもらった。

この店が道の駅と異なるもうひとつのポイントは、地域外の讃岐や四国外から

図4-1　再開発ビルの2階中庭の奥にある「まちのシューレ963」の入り口

も、よいもの、欲しいもの、モデルになるものを厳選して受け入れ販売していることである。全国に同類の店ができれば、商品を相互に取り扱うことが、郊外大型店には真似のできない大きな武器となるだろう。

次の教室は「生活雑貨」。台所道具、うつわ、保存容器、かご、タオル・ふきん・エプロン、お風呂、洗面。ここも、よいモノ、欲しいモノを地域・国籍を問わず厳選して集める方針である。だから、料理研究家・有元葉子さんと燕の技術が生み出したステンレスのプレートとざるが置いてある。2012年11月の瀬戸内生活工芸祭では、5人の作家が飯碗、汁椀、皿、コップ、盆を手分けして器を制作。ひとつの膳を作り、女木島で育まれた食材でつくった料理を提供するというイベントが行われたが、彼らの作品はシューレで販売された。5人とは、今一番人気の赤木明登(黒漆汁椀)、安藤雅信(切込高坏皿)、内田鋼一(白磁飯碗)、辻和美(普通のコップ)、三谷龍二(木地盆)である。しかしもちろん地元の職人やクラフトマンとのコラボがシューレの最も大切な仕事だ。今のところ、讃岐漆芸の作り手の力を結集した子ども用のうるしのうつわ(拭漆セット)、香川在住の吹きガラス作家・蠣崎允さんのつくったシューレのオリジナルグラスが定番商品だ。タオル・ふきんがお隣り愛媛の今治の特産であることはご存じの通り。選りすぐりのタオルとふきんを用意している。香川そして四国には多くのクラフトマンがアトリエを構えている。地場産業も盛んだ。これからもこのようなオリジナル商品を開発していく。

この教室には、ファッションも用意している。evam eva、大橋歩さんのa.(エードット)ほか、デザイナーによる小規模生産のアトリエブランドが中心だ。ギャラリーで行われる毎年春秋の発表会には、デザイナーも駆け付ける。

そして店内の一番奥が「ギャラリー」。大小ふたつのギャラリーがあり、期間を限定して、特定の作家、ブランド、テーマで作品等の展示を行う。もちろん、

図 4-2　まちのシューレ 963 のクラッセ

美術館ではないから、販売あるいは受注を行う。たとえば2017年に行われた展示会を、ほかのイベントと合わせて次ページに見開きで掲げよう。これを見ると高松に住みたくなること請け合いである。

展示会の合間には、毎月いろいろなテーマで茶会が開催されている。そこで活躍するのは、椅子式の茶のしつらえ、桜製作所の茶机「天遊卓(てんゆうじょく)」だ。

楽しいのはギャラリーだけではない。ギャラリーの前で右折すると、次の教室のテーマは「手の仕事／民芸」。高松は、県立の工芸高等学校がある工芸のまちである。伝統工芸では香川漆器の産地として知られ、同校の卒業生が活躍している。ジョージ・ナカシマの家具製作で知られる桜製作所を創業した永見眞一さんも同校の卒業生。庵治石(あじいし)の産地で知られる市内庵治町にはイサム・ノグチ、流政之(ながれ)がアトリエを構えた。丹下健三の香川県庁舎が今ではすっかり修理されて大切に保存されているが、桜製作所のジョージナカシマ記念館を訪れた人は、そこに残された来訪者の落書きに、高松がまさしくモダンデザインのメッカであったことを思い知る。定着し始めた瀬戸内国際芸術祭にはちゃんと背景があったのだ。さて、シューレもその一角を担うべく、このコーナーでは道具や家具を紹介している。家具やイサム・ノグチの照明も扱っているが、ヒットは、香川で唯一の菓子木型の伝統工芸士・市原吉博さんの木型と和三盆をセットにした「干菓子製作キット」と「讃岐かがり手まり」。

「手の仕事／民芸」からUターンすると、床を一段高くしたキッチンスタジオがある。月に1〜2回のワークショップが開催される。いくつかはギャラリーと連動した催しになっていることはすでに見た通り。

キッチンスタジオの窓側に「鳥と植物」の教室がある。鬼無(きなし)の盆栽などグリーンや園芸用品、そしてバードカービングなどを置いている。看板インコのマルちゃんが、機嫌が良ければ讃岐弁で「ようきたのぉ」と迎えてくれる。

そして最後はカフェ963。オリーブや葡萄の生い茂る中庭のテラスと一体の快適な空間。人気は月2回のペースで変わるランチ。食材、食器、メニューが店内の商品やイベントと常に連携している点が重要である。その意味では家具も展示品。カフェ店内の家具は、香川在住の家具職人・松村亮平さん、テラスの家具は鉄工作家・槇塚登さんが手がけたものだ。テラスでは、季節ごとに「シューレの庭マルシェ」が開催される。季節ごとの芽吹きや紅葉に囲まれて、香川のものを中心に、安全でおいしい野菜や果物、パンやおやつが集まる。2階の奥という

商業施設として一般的には不利な立地であるが、中庭とともに独自のワールドをつくりだすことに成功した。

　ライフスタイルのブランド化は、まずそれぞれの地域の住民が、それぞれの地域のライフスタイルを楽しみ、誇りに思い、担い手になっていることが基本である。「まちのシューレ963」の第1の役割は、まず四国高松の人びとに、地域のライフスタイルの豊かさを再認識してもらい、それを楽しみ、磨きをかけてもらうことである。讃岐・四国のものを中心におきつつも、よいものは全国、そして世界から積極的に集め、生活提案をしていく。作り手と使い手の距離を縮めるように、ギャラリー活動を重視する。住宅や店舗の改装にいつでもデザイナーが駆け付ける態勢も整えている。「かわいい、たのしい、おいしい」が店舗成功の3条件とされるが、このような店舗には、美術館などとは異なった訴求力があり、その可能性は限りなく大きい。

2　まちじゅうまるごとホテル

町家ステイ

　長浜からは、町家ステイを紹介しよう。日本で活動するアメリカ人、アレックス・カーさんの主導ではじまったこの試みは、京都では庵（いおり）という事業体が運営しており、今や同種の試みが全国に広がっている。長浜では、2010年、彼らの指導を得て、2軒続きで中華料理店として使われていた江戸時代にさかのぼる古い町家を修復、一棟貸しのステイ「季の雲（とき）ゲストハウス」として整備した。場所は、長浜のなかでも最も歴史的な町並みの遺る南伊部町（ゆう壱番街商店街の東側、現元浜町14、19番）。道の反対側が空き地になっていたので、そこに町並みを補うように町家デザインのプチホテルを新築（このような町並みの欠けたところを補う開発を「インフィル型開発」と呼ぶ）、朝食も提供できるレストランとギャラリーを併設した。日帰りの観光地である長浜に宿泊機能を強化する新しい試みである。当初の運営を担ったのは、黒壁の草創期に初代マネージャとして活躍した水野さん（旧姓）とご主人の中村さん。おふたりは旧長浜町に隣接する集落でギャラリーを営んでおり、「季の雲ゲストハウス」としてオープンした。修復された町家には、コレクションのル・コルビュジエがデザインした椅子をはじめ、センスが光る家具調度が配置され、それ自体が、伝統的な日本家屋を活かした新しいライフスタ

図 4-3　ギャラリーを中心に見た高松・まちのシューレ 963 の歳時記(2017 年)

12.23 日本のおもちゃ展(〜1.9):「日本各地には信仰や風土、そこで暮らす人々の生活をもとに、さまざまな素材や色でつくられてきた郷土玩具があります。……今回は全国から、今なおつくり続けられている玩具がシューレに揃いました。日本のよき手仕事がながく残ることを願って……。」
1.18 本とお茶 ふたたび(〜1.30):「まるでシューレの店内に書店ができたかのよう。シューレがセレクトした衣食住の書籍をはじめ、451 ブックスの古本や紅茶、日本茶、珈琲、ジャスミン茶などが集っています。」関連して徳島「ろうそく夜」の 1 日喫茶室、高松市瓦町の人気店「半空(なかぞら)」岡田さんの珈琲教室を開催。

2.7 レモンフェア(〜2.21):「青いレモンの島」愛媛県岩城(いわぎ)島のレモンを使ったグリーンレモンマーマレードほか。三豊のレモン農家「ロロロッサ」のカトルカール、レモングラッセ、コーディアルシロップ。皮ごと食べられる生レモン、などなど。
2.9 大橋歩 a. 春夏コレクション(〜2.13):「会場ができました。春夏らしい、爽やかな空間です。これまでにない布合わせや色づかいのワンピースやシャツに、人気のボトムには麻素材が登場。店内カフェでは、a. をイメージしたおやつを期間限定でお出しします。」

2.18 古道具の会(〜3.7):岡山、香川、徳島の 4 つの古道具店が選ぶ「日本の道具」。本棚や引き出し、立派な水屋箪笥、ガラスパンケース、椅子などの大物から個性溢れる小物まで。高松鍛冶屋町の花屋 YARD yard からのヒヤシンスや山野草、オリーブの苗を添えて展示。
3.2 シューレの庭 3 月:「シューレの庭に吹く風もほんの少し暖かくなってきました。金柑は今年もたくさん実がつきました。アーモンドも蕾が膨らんでもうすぐ咲きそう。」

3.17 ナカオタカシ 100 のランプ展(〜3.26):ナカオさんは FRP を使って、用の美の道具から立体作品までを手がける。2014 年「瀬戸内生活工芸祭」では、女木島の砂浜に展示された「家」が話題に。今回はシューレのギャラリーに大小 100 のランプを設営。その会場で「ランプバー」を開催。ケータリングサービス・sara366 の色とりどりのおつまみとユニークな飲み物が並んだ。
3.25 東かがわ市 ほそかわさんの「おはぎ」と「苺大福」(〜4.2):材料はほぼ香川県東かがわ市のもの、いちごは「さぬき姫」。
4.1 chahat インドの布展(〜4.16):切り売りの布やリボンを中心に、インドの刺し子・カンタや、チャイグラスやバスケットなどのたのしい雑貨もならぶ。食品ブースではインドのスパイスやエスニック料理などにおすすめの食材を販売。

4.9 シューレの庭マルシェ:香川、徳島、高知から 8 店舗が集結。
4.15 チャイマスター神原博之のチャイの入れ方とお話ワークショップ(〜4.16):出たばかりの本『チャイの旅』とともに I
4.21 LABORATORIO 展(〜5.8):木工作家・井藤昌志さんが松本で展開するセレクトショップ&カフェがシューレへ出張。井藤さんのオーバルボックスなどとともに、信州のおいしい食材や作家もの、そしてラボラトリオと関係の深い全国のブランドやお店 10 店から素敵な商品がたくさん。
5.19 STOCK OUT(〜5.21)

5.26 chiclin 展(〜6.5):2014 年からシューレで取り扱っている chiclin の初めての企画展。「コットンやリネンをつかったシャツやカットソー、スカートやパンツ、ワンピースなど chiclin らしいカラー、形がとても素敵です。」
6.4 シューレの庭 6 月:「シューレの庭の木々は、花を咲かせたり、実をつけたりと今年も元気に太陽を浴びています。」
6.11 伊藤ゴロー & Robin Dupuy Guitar & cello Concert

6.15 高知フェア(〜7.3):まぜまぜジンジン(小夏・梅しそ)、むろっとのコンフィ、ジンジャースパークリング、パクチーオイル、新高梨ドレッシング、バジル、果実ごろっとジャム、などなど。

6.16 たねまき生活の衣服たち(〜7.3):「旅や暮らしの中で得たものを、ちくちく針仕事で表現する早川ユミさん。今や貴重となった土佐紬や、上海木綿、リトアニアのリネンなど、さまざまな布を、自由にちくちく縫い合わせてつくる、世界にただひとつのお洋服」初日にワークショップ「たねまきエプロンをつくる」を開催。おやつは黄金みかんのドーナッツ。

7.12 MONPEフェア(〜8.2):「うなぎの寝床」のMONPE。久留米絣を現代風に仕立てた、カジュアルな日常着。吸水性がよく乾きも速いので、日常着にはもちろん、レジャーに、農作業に大活躍。

7.15 おかしのうつわ展(〜7.31):12名の作家のうつわが会場にずらり。関連イベントは御菓子丸・杉山早陽子さんによる菓子茶事「御菓子丸のあわい」。パティシエ松岡さんによる菓子懐石「香菓 カグノコノミ」。

8.5 ao展(〜8.31):洗いざらしのよさを感じるガーゼ服。着るほどにからだに馴染む定番の洋服のほか、ガーゼのやさしさを感じるベビーアイテムや、肌ざわりのよいリラックスウェアなど。

8.11 せとうちフェア(〜8.31):せとうちのおいしいもの一堂に。

8.25 上野剛児陶展(〜9.10):上野さんは、香川県東かがわ市で、南蛮手といわれる焼締めのうつわを中心に焼いている。今回は徳島県神山の「Food Hub Project」と連動。神山のかま屋の料理長・細井恵子さんが、徳島、香川の食材をつかった料理を大皿に盛り付け「上野剛児の器で食べる」を開催。

9.15 Awabi ware exhibition(〜9.26):淡路島に制作の拠点を置くあわびウェアの展示会。そのうつわをもちいて、淡路の食材と香川の食材を融合するイベントを開催。淡路の「北坂養鶏場」と香川のいりこ屋「やまくに」がタッグを組む。うつわを通して。地域の食同士を、うつわを通してつなぐ。

9.20 シューレの庭マルシェ秋:心地よい風が吹きぬけるテラスで。

10.4 工芸運動 @ 高松(〜10.10):高松の誇る工芸品、庵治石、香川漆器、菓子木型、讃岐かがり手まり、保多織、盆栽、理平焼を一堂に。「伝統の未来をつくるのは、職人だけ?」をテーマに、伝統の未来をともに考える場に。

10.7 秋の気配:「シューレの庭も季節の移り変わりの時期を迎えています。山ぶどう、フェイジョア、きんかん、ホトトギス、ロシアンオリーブ、これから色づきはじめることと思います。」

10.19 大橋歩 a.秋冬コレクション(〜10.23):「大人のかわいい」をテーマに、新作のワンピースやアウターが並ぶ。カフェ963では、a.をイメージしたおやつを期間限定で。

10.28 白田のカシミヤ展+東北フェア(〜11.7):宮城の自社工場で熟練の職人が手動編み機を使って一枚一枚丁寧に編んでいる白田のカシミヤの展示会。とても柔らかく優しい肌触りが特徴。カラフルなニット、シルクカシミヤのニット、そしてまちのシューレ963のオリジナルニットとマフラー。食品売場では東北の食品のフェアを開催。

11.2 干支ものお正月特集

11.5 新米が入荷

11.11 金沢展(〜11.26):「工芸やアートが盛んな金沢。たくさんの作り手から陶器やガラス、木工、金属などの作品のほか、食品やお酒、革のバッグやキーケースなど、幅広いジャンルのものが届いております。小ギャラリーでは「硝子と彫金、金沢の3人展」を開催。「福光屋BAR」も。

12.8 mature ha.展(〜12.18):神戸拠点のmature ha.が提案する新しい帽子がシューレに。

12.12 La brocante展(〜1.8):海外の古道具や北欧ヴィンテージ家具など、ギャラリーにぎゅっと。

(注)作成=まちのシューレ963。「　」内は www.schule.jp「日々のこと」からの引用(一部抄録)

図 4-4　町家ステイ。江戸時代の町家にル・コルビュジエの椅子が合う

イルの提案となっている。外国人観光客が泊まっても困らないように、2階にはシャワーユニットが建物を傷つけないように設置されている。

宿泊に貸し出すだけではない。建物と庭を使って定期的に展示会、ワークショップ、マルシェが開催された。展示会には、木工や、金属工、陶器、衣服など多岐にわたる作品が町家の空間を生かして展示され、日本酒ワークショップや、しめ縄づくり、クリスマスリースづくりなども作家との協働で行われる。月に1度の「ときのくもゲストハウスのマルシェ」は、農家や作家、ケーキや和菓子職人が出店し、近隣の住民が集まる。まちなかの居住者(特に子どもたちや若者)が、自分たちの周りに良質な野菜や米があり、センスの良い器があり、豊かなコミュニティが存在することを知る場となっている。観光客だけでなく、市民が自分たちのライフスタイルを見直し、豊かにしていく機会となっていることがポイントと言えよう。現在は、「まちやの宿　いろは」と名前を変えてグリーンホテルYes長浜みなと館の姉妹館として運営されているが、家具調度のしつらえは変わっていない。

まちじゅうまるごとホテル

このような古い建物を活用し、いわば生活体験として宿を提供する試みは、民泊ブームや観光立国政策を背景に急速に広がっている。イタリアでは、歴史的な町並みに点在する民家を、それぞれベッドルームやレストランに改造したアルベルゴ・ディフューゾ(英語ではdiffused hotel、分散型ホテル)と呼ばれる「まちじゅうまるごとホテル」が広く全国に展開しているが、同様の試みが日本でも取り組まれるようになった。

ただし、このような、歴史的な建物を宿泊施設に活用するサービスの実現には、

制度的な壁がある。建築基準法、消防法および旅館業法で、実際に事業に取り組むとグレーゾーンが限りなく広がる。旅館業法のもとでは、一棟貸しではフロントが設置できないという問題がおこる。建築基準法では、耐震性や火災などへの措置の問題がおこる。2013年の国家戦略特区ワーキンググループが「歴史的建築物の活用」を、医療、雇用などとともに6つの柱のひとつに取り上げた。そして、特区ではなく全国ベースでこの課題に対応することになった[5]。こうして、新しくつくられた制度のもとで各自治体で条例づくりが進む。京都市の歴史的建築物の保存及び活用に関する条例を皮切りに6自治体で条例が定められるに至った（2017年現在）。しかし、より多くの町家を活用するためにはハードルは依然高く、さらなる実践の積み重ねが望まれる。そのような努力は続いており、京都ではさらに一歩進んで「京都市京町家の保全及び継承に関する条例」が定められた[6]。

DMO

今、政府の主導もあって各地の観光をマネジメントする日本版DMO（Destination Management Organization）の設立が進んでいる。「地域の「稼ぐ力」を引き出すとともに地域への誇りと愛着を醸成する「観光地経営」の視点に立った観光地域づくりの舵取り役として、多様な関係者と協同しながら、明確なコンセプトに基づいた観光地域づくりを実現するための戦略を策定するとともに、戦略を着実に実施するための調整機能を備えた法人」というのがその説明だ。まちじゅうまるごとホテルの発想は、このようなDMOと親和性がきわめて高い。長浜を例にとると、ガラス館でブレークした観光を次のステージへ引き上げることが今後の課題である。そのテーマが「長浜らしく美しく住む」だ。長浜の町並みにどっぷりと身を置き、湖北の歴史と自然を堪能することが長浜をデスティネーションとする理由となる。その環境を整えるのが設立が検討されている長浜DMOのミッションだ。

琵琶湖を中心にした湖北の自然は、トレッキング、サイクリングからカヌーまでその絶好のフィールドだ。古代・中世・戦国時代と、時代の先端を歩んだ歴史や人文景観もとても興味ぶかい。特に、雲間から降り注ぐ太陽光線に、大きなお寺の屋根を中心にした集落が輝く姿は、湖北固有の美しい景観と言えよう。各集落には古代・中世の観音像が大切に保管されている。環境保護や環境学習に通じ

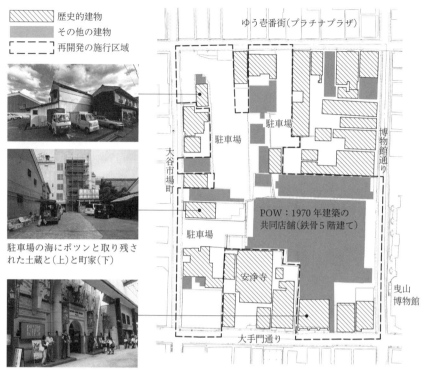

図 4-5　長浜の新たなステージへの試み・元浜町再開発

（注）黒壁ガラス館のある街区の東隣の街区で、歴史的建物を保存活用し、居住人口を取り戻すための住宅と、本文に述べた施設を整備する修復型再開発が進行中である。この街区には共同店舗（寄合百貨店）として1970年に建てられた鉄骨5階建てのビルがあるが、耐震化が求められている。街区内には歴史的建物（斜線）が点在するが、空き地も多く駐車場に使われている。地方都市にしばしば見られる光景だ。歴史的建物が比較的よく残る一角を除き、破線の区域の地権者が再開発に手を挙げた。しかし施行区域内にも歴史的な建物がある。市街地再開発事業は一旦更地にするのが原則だが、2016年の都市再開発法改正で、一定の要件を満たす建物を存置することが可能になった。この制度を活用し、歴史的環境の継承と街区の修復の両立を図る。

る活動を行う拠点として、長浜ほど適切な場所はない。湖北の野外レクリエーション活動のプログラムを開発し、まちじゅうまるごとホテルの一環として、センターとなるツアーデスクを町並みのなかに設ける。湖北のいろいろな資料が揃ったブックカフェがあり、集合場所にもなり、ロッカーやシャワーが備わっており、野外活動用品・ファッション・自転車などの販売修理も行われている。現在再開発を計画中の地区がそのような場所にならないか、検討が進んでいる（図4-5）。

3　商店街の再定義

高松丸亀町商店街の挑戦

　まちのシューレ963のようなライフスタイル・ショップ、長浜の町家ステイのような「まちじゅうまるごとホテル」は、ライフスタイルを発信し、そのブランド化を直接的に実現する基幹的な事業と言えよう。しかしもちろん、このような施設を開設するだけでまちなかが再生していくわけではない。

　これらに触発されるかたちで、従来のファッション・雑貨・食品などのお店のバージョンアップと、新しい起業家のチャレンジが連鎖反応的に続き、それらの集積が全体としてまちなかのパワーアップを支えていくことがなければならない。なお、それだけでなく、地域のライフスタイルを発信するに足るものとするためには、地域のライフスタイルを維持し育む事業を戦略的に起こすことが必要である。ライフスタイルを維持する地域社会を元気にするための事業、まちなかが地域の人びとが集まり、交流し、さまざまな文化・社会活動に取り組むことのできる場所とする作業だ。

　しかし、物販や飲食を主とする従来の商店街にそれらの機能は乏しい。まちなかの、コミュニティが必要とする役割を見定め、それをビジネスとして起こしていく必要がある。商店街の役割を再定義し、実現していくことが緊急の課題である。

　その試みは高松丸亀町商店街でも始まっている。改めて高松丸亀町商店街でまちのシューレ963が生まれた経緯を整理し、次に何をなすべきかを考えてみよう。

　先に述べたように、まちのシューレ963は、高松丸亀町商店街参番街（C街区）に建設した再開発ビルの2階に開設された。高松丸亀町商店街では、A街区再開

発の成功の後、BC街区で、希望者が共同ビルを建てる任意の再開発事業を展開した。大小5棟のビルができたが、完成前には順調であったテナントリーシングが、完成直前のリーマンショックで行き詰まり、戦略の練り直しを迫られた。その結果、B街区においては、地域の食材をさまざまなかたちで提供する複数のレストランや自然食品店を、C街区では雑貨を中心としたライフスタイル・ショップを、それぞれ運営する主体をたちあげて店舗を開設した。C街区では、ほかに、診療所、高松周辺の豊かな自然でのフィールド活動をサポートする仕組みをもったフィールドグッズ＆カフェなどが設けられた。

　考えてみれば、これが本来の姿である。ビルをつくってブランドを扱う店舗をリーシングし商店街の魅力を高めることは、その都市の一番商店街にはこのような商品に対する市民の期待があるという意味で必要だし、そのようなチャンスには商人として積極的に取り組むべきだと言えよう。しかし、地域の一番商店街が、もっぱらブランド品を扱う商店街でよいのかというと考え直す余地がある。商品の供給をナショナルブランドに頼るということは、結局は東京など大都市を頂点にしたツリー構造の末端に位置づけられることである。よく言われるように、高松のヴィトンと東京のヴィトンでは品揃えが違う、東京のヴィトンとパリのヴィトンでは品揃えが違う。ヴィトンはともかく、多くのブランドは、やがて郊外の大型店でも扱われ、中心市街地はその販売力に敗れていく。そうなるとナショナルブランドは、商店街の個人店舗を見限り、人気商品を卸さなくなる。高松丸亀町商店街でも、少なからぬ商店主たちが、このようなプロセスで店じまいに追い込まれてきた（これが、80～90年代に起きた流通革命の商店街から見た実感だ）。

　このような悲哀を繰り返さないためには、商店街は、中央のブランド商品を地域へ供給するだけでなく、地域に根ざしてみずからブランドを創り出し、商業という行為を通して地域の産業を外へ発信していくことが必要である。いや「このような悲哀を繰り返さないため」と言うのでは志が低い。地域の中心商店街は、商業という産業を通して、農村を含めた地域全体の経済社会の再生・活性化の一翼を担う必要があるということ、すなわちエンジンになる必要があるということを自覚し、実践すべきなのである。中心市街地再生は、そこまでを視野に入れたものでないと、持続的なまちづくりにはならない。それが、クリエイティブ・タウンの「クリエイティブ」の意味である。

　高松丸亀町商店街の再開発を先導してきた明石光生さん（高松丸亀町商店街振興

組合副理事長）の次の発言は、この課題を商店街の側から見事に言い当てている。

　　昔は研修会に行くと「店は立地や、今の場所にこだわっておったらあかん。商店街なんか捨てよ。儲かるところへどこでも行け」と言われた。ジャスコの岡田はんはそれで成功した。「大黒柱に車をつけよ」言うてな。しかしおれらは逆をやろうとしてる。おれらは場所は変えん、商売の方を変える。商売はお客様のニーズに合わせて変わるんや。スーパーが来よったからこれまでと同じ商売ができんようになったゆうて文句言いよるやつがおるが、それではだめです。ここは400年前から中心商店街や。けど何百年も同じ商売やっとるやつはおらん。次の100年もそうや。地図を見てみぃ、誰が見ても高松の中心はここや。町を時代にあわせるんや。

　流通・商店論の碩学、石原武政大阪市立大学名誉教授は、明石さんのような商人と岡田はんのような商人を、それぞれ「街商人精神」と「企業家精神」と言い当て、商店街のあり方を解明しようとしている。興味のある方は、この分析が展開されている『小売業の外部性とまちづくり』（石原2006）をぜひご覧いただきたい。

次の一手

　さて、ABCそしてG街区（丸亀町グリーン）の再開発が一段落した2015年1月、高松丸亀町商店街では、これからの事業を検討するために「商店街プロデュース機能構築調査」が実施された。上記のようにすでに地産地消を基礎に据え、食の連携プロジェクトとしてのレストラン、ライフスタイル・ショップの実験店としてのまちのシューレ、医療サービスを提供する美術館北通り診療所の設置などを実践し、続いて新しい生鮮市場の開設を目指して精力的に準備を進めている商店街であるが、そのいっそうのバージョンアップを図るための調査である。

　この調査では、消費者のグループインタビューを行った。グループインタビューとは、同じような属性の消費者に集まってもらい、忌憚なく意見を出してもらうマーケティングの基本手法である。このときは、郊外に住む30〜60代の主婦、まちなかに住む20〜50代の主婦、そして50代後半の男性という3グループにお話をうかがった。すでに開設した診療所の次の展開が念頭にあったので、健康

に関する希望は積極的に問いかけた。

　商店街再開発の結果については、グループの別なく「楽しんで歩ける場所になった」、「県外の人たちの評価も上がり、誇れる街になった」と商店街のイメージは確実に良くなっている。「まちのシューレ」「丸亀町グリーン」が商店街のオシャレなスポットとして、比較的若い主婦たち、質の高い客層の集客装置になっている。

　グループごとの結果をまとめると次のようになった。第1グループ「欲しいのは、健康への不安を支えてくれる頼りになるパートナー。そして街の生活・文化創造のコミュニティ」、第2グループ「みんなで元気になる、みんなで楽しい生活の輪を広げる、女性が楽しめる街になってほしい」、そして男性の第3グループ「会社を離れた人たちの交流の場として、気軽に健康を管理できる施設が欲しい」。コミュニケーション、居場所、そして健康がグループを問わずテーマとして浮上した。

　明らかになったのは次の4点だ。①人びとは、地域の生活や文化を共有して楽しみ育てる、コミュニケーションを求めている。②その輪のなかで、新しい生活の楽しさの潮流が生まれる、人びとの集う所に文化が育つ。地域も育ち、人も育つ。元気のもとは「楽しい生活」。③まちを育てるのは女性たち。④商店街の役割は、そんな人びとの受け皿になって、地域のたくさんの楽しい生活・文化を、そして健康を育てていく「たまり場」になること。たまり場をいくつ創り出せるかがポイントだ。

　健康に関する施設も、たまり場の延長にイメージされる。人びとがまちに求めているのは「健康増進センター」ではなく「まちのシューレ」のヘルス版。あるいは「サロン」、男性リタイア後の「社交場」「仲間づくりの場」。ガチガチの筋肉をつくったり、ぜい肉をとる美容体操ではなく、ストレス、心配事、悩みを気軽に話し合ったり、健康をチェックしてリラックスし、さまざまなことをお互いに学び合う場、というほどの意味である。それは、体調コントロールのための「ヘルス・シューレ」を軸とする「仲間づくりのための健康サロン」とでも呼ぶべきもののように思われる。

　このような健康長寿を育む事業を、ライフスタイル・ショップとともに、クリエイティブ・タウンのビジネスのもうひとつの柱として着目したい。

健康ビレッジ

　私たちが、クリエイティブ・タウンのひとつの柱として健康長寿ビジネスに着目した最初は、東京都板橋区の大山商店街においてである。同商店街は、周辺に広がる3万人が住む住宅地の背骨となる560メートル、220店舗からなる偉大な近隣商店街である。しかし、商店街のほぼ中央3分の1が幅20メートルの道路拡幅の対象となる「危機」にある。その道路は、補助26号線と呼ばれる東京都の環状線で、すでに商店街の前後は完成しており、今は反対運動から転じて、いろいろな限界の見えてきた商店街再生のチャンスにしようと、ここ十年来取り組みが行われている。重要検討課題のひとつが、このような商店街が今後地域の中心として、従来の近隣商店街としての役割に加え、どのような役割を果たすべきかだ。

　ここで登場したのが、「ヘルスケアは病院から商店街へ」という呼びかけ。呼びかけたのは、商店街のすぐそばにある東京都健康長寿医療センターの杉江正光先生。同センターの歴史は、1872(明治5)年の養育院創立までさかのぼる。松平定信が定めた江戸の貧民救済資金「七分積金」を資金に設立され、その資金を管理していた渋沢栄一が1931年に91歳で亡くなるまで院長をつとめたという由緒ある施設だ。今は東京都の高齢者施策の中核を担う。

　杉江先生を商店街へつないだのは、かつて商店街組合の理事長をつとめ、心臓内科医の杉江先生にかかっていた大野厚さん。病後に、先生が実施していた健康回復プログラムに参加し、すっかり元気を取り戻した。このプログラムを病院内だけで行っていることの限界を感じ、「まちへ出る」必要性を痛感していた先生と、商店街の次を考えていた大野さんが出会った。商店街で行われた講演会で、杉江先生は、①遠赤外線低温サウナと運動をあわせたプログラムが、病後の回復に高い効果をあげていること、要介護度引き下げにも効果があること、②現役を終え要介護に至るまでの期間、いわゆる健康寿命をできるだけ延ばすことが人びとの幸せにつながること、③しかし、健康な人にはスポーツジムが、病気になった人には病院があるが、その中間の多くの人びと(要介護予備群)が、健康を維持するための社会的サービスが空白になっていること、④公的保険に依存せず、健康維持管理ができる施設・管理の実現により、穏やかな生活が維持できるサービスを、病院内にとどまらず、広く実現する必要があること、⑤このような健康寿命延伸産業育成が国の政策となっていること、そこでぜひ、⑥商店街と病院がコ

ラボして全国に健康を配信したい、と熱っぽく語られた。そして、商店街は、高齢者が、ただ健康増進プログラムに取り組むのでなく、そこに食事、娯楽、文化などを求めて集い、楽しい毎日を過ごすことが可能な空間とならないだろうか。健康増進に励んだ分がポイントとして貯まり、貯めたポイントを、旅行、農業体験、シニア大学など非日常の楽しみへ活用するシステムができたらすばらしい、ととてもリアルなイメージを描き出された。

確かに、メディカル・フィットネスとも言うべき杉江先生のプログラムを核に、コミュニティ・レストラン、ライブラリー・カフェ、カラオケや温浴などのアミューズメント、そして再開発で生み出される住宅を、サービス付き住宅として組み合わせることができれば、まちなかが新たな、市民が必要とする役割を果たす場になる。住宅は、今政府が推し進めている日本版CCRC(Continuing Care Retirement Community)として展開することも可能だ。

私たちは、このようなセットを「健康ビレッジ」と名付け、石巻クリエイティブ・タウンの再開発・第3弾として実現する準備を進めている。これについては、石巻をケースにとりあげる第7章で触れよう。

4 「ライフスタイルのブランド化」のためになすべきこと

なぜ「ライフスタイルのブランド化」か

クリエイティブ・タウンにおいてライフスタイルのブランド化として展開するビジネスを具体例をあげて検討した。改めて原点に戻って、なぜ、ライフスタイルのブランド化かを再確認しよう。

これまでの地域振興のシナリオでは、産業都市モデルに基づき、「近代化論(外発的発展)」の発想で、外部のお手本をもって発展の道筋を決め、発展の方向を定めていく方法がとられていた。しかし、この方法は、外の価値観に依存することで、内発的・自律的に生きつづける生命力を衰弱させた。この方法に代わるものとして、地域の資源や個性・特性を最大限に活かし、創意工夫のもと、地域の総力を結集し、自律的・持続可能なまちづくりの仕組みを再構築し、みずから産業を開発していくことが新たな課題となった。

ただし、内発型産業が地域の経済の維持・成長に資するためには、経済学的に言うと、その産業が地域外をマーケットとし、地域外からお金をかせぐ基礎的産

業となる必要がある(経済基盤説)。もっぱら住民サービスを行う小売業やサービス業(非基礎的産業という)は、それ自体では地域の成長に直接寄与しない。

　たとえば、ただ単に物理的に商店街を再開発し、ナショナルチェーンなどの出店を促すだけでは、本当の意味での地域の経済社会の向上にはつながらない。商品を地域外の人びとへ販売するか、地域外の人びとがまちへやってきて消費するか、その両方が起きないことには、地域の維持・成長は期待できない。生活に根付いた産業を地域内の需要への対応にとどめず、ヨーロッパの国々のように、ライフスタイルぐるみで地域外の消費者を惹きつけ、経済の成長を主導する基礎的産業に育てる必要がある。これまでも、地場産品や地域イメージなどのブランド化は熱心に取り組まれてきた。それを一歩進め、地域の風土のもとで育まれてきた固有のライフスタイル総体を再評価・再構成し、中心市街地をそのショウケースとして、地域経済を牽引する産業に育てていく。このような事業総体を「ライフスタイルのブランド化」と呼んだのだ。ライフスタイルのブランド化は、いわば、内発的産業を非基礎的産業にとどめず、基礎的産業へ展開するための作業と言えよう。

　もともと、地域に根ざした生活産業(内発型産業)は地域を成長させる基礎的産業になりにくい分野ではある。しかし、ヨーロッパの国々に見るように、そのライフスタイルを背景に商品に付加価値がつけば、優れた輸出産業になり、その場所が訪れてみたい場所になる。そのわかりやすい例として、フランスでは葡萄ではなくワインを、ワインだけではなくワインのあるライフスタイルを輸出しているという例をあげた。①消費者の価値基準が、モノそのものより、それを所有することにより自分のライフスタイルを築いていくことに重きを置くようになってきている、②本物であるローカルな価値が再認識されだしている、の２点が、現在とこれからのトレンドである。この動きを捉え、適切な国際戦略のもと、生活産業を基礎的産業へ展開していく。そのためのポイントをまとめよう。

❶**まちなかから発信する**　ライフスタイルのブランド化は、「快適な公共空間、美しい町並み、住んで楽しい住宅を備えた」まちなかで育まれ、発信されることで果たされる。そのショップや、健康ビレッジなどの施設自体が、快適な公共空間、美しい町並みの主要な構成要素となり、市民そして地域の人びとが集まり、生活し、誇りに思う場所をつくっていく。それが、ライフスタイルのブラン

ド化を果たすために不可欠な、地域の自然や町並みのイメージをかたちづくる。ライフスタイルのブランド化とまちなか再生は不可分である。こうしてまず郊外ショッピングセンターに奪われた地域の消費者、さらに地域外の消費者、さらにより広域からの観光客を惹きつけ、地域経済を再生する。市民が誇ることができるメインストリートが創出されることは、地域活性化の柱・地域主権の確立と表裏である。

したがって、整備される町並みは、できるかぎり地域の風土に根ざすことが重要だ。歴史的な建物はもちろん、文化財と言えないまでも、人びとの記憶に刻まれた建物はできるかぎり保存し、活用していきたい。新しい開発も「小規模連鎖」が基本だ。詳しくは「第5章　デザイン」と「第6章　スキーム」で展開するが、次の項でも触れるようにビジネスの観点からも、一定の区域に合意形成のしやすい小規模なプロジェクトを連鎖的に集積し、地域のマーケット・バリューをあげていくことが基本戦略となる。

さらに、まちなかの再生が、まちをコンパクトにつくりかえ、地域の瑞々しい農地、豊かな自然の回復へつながることが重要だ。

❷悉皆屋機能を回復する　クリエイティブ・タウンの主要な戦略のひとつが、「一定の区域に合意形成のしやすい小規模なプロジェクトを連鎖的に集積し、それぞれにライフスタイルのブランド化事業を仕込み、地域のマーケット・バリューをあげていく」である。その際、不可欠なのが、まちづくり会社を核としたエリアとしてのマネジメントである。特に、ライフスタイルの回復・育み・強化・発信をビジネスに組み込んでいくにあたって、必要になるマネジメントが悉皆屋機能である。

悉皆屋とは、辞典には「江戸時代、大坂で注文を取り京都に送って衣服の染めや染め返しをさせることを職業とした者」とあるが、呉服問屋の機能のうち、最も重要な染色を核に活動したディレクターである。狭義には、染物屋に客の注文通りの染物をつくらせることが仕事だが、やがて、客へ提案し新しいデザインを開発するプロデューサへと展開した。

日本の伝統工芸に詳しい技術史家の吉田光邦京都大学名誉教授は地域社会のモノづくりにおけるプロデューサの役割を次のように述べている[7]。

従来、地域社会には、モノをつくる（生産・製造）システムが存在していた。呉

服、靴、鞄等のお店では、職人を抱え、お客の要望や注文に応じて、確かな品質の商品を提供していた。職人は、お客に受け入れられる商品を提供することと同様に、みずから納得のできるものをつくり出すことで、誇りと喜びをもって従事していた。これらのモノづくりのシステムのなかには、以下の3つの役割や機能があった。

1. 製品開発・市場開発
2. 技術水準の維持、業態の維持
3. 製品情報の発信、市場情報の把握

　このシステムを担っていたのが、「問屋」であった。的確に市場・顧客の情報をつかみ、リスクを背負って製品開発の費用を負担するなど、製品プロデュースを行ってきた。生産者・職人は、この問屋のプロデュースによって安心して生産に取り組み、技術を磨くことができた。しかしながら、現在の大量生産システムや大手メーカーによる製造システムの台頭により、問屋機能は、悉皆屋と呼ばれる一部の業態（呉服）のみになってしまった。

　商業もまた、単につくられたモノを仕入れて売る店舗が普通になった。しかし、ライフスタイルのブランド化、生活産業の創出には、生産者と消費者を結びつける商業の立場に立って、生産者とともに魅力的な商品を創り出す「悉皆屋」の機能を回復する必要がある。本来は、個々の店舗に期待される機能だが、当面は「まちのシューレ」「健康ビレッジ」「生鮮マルシェ」などのクリエイティブ産業の創出、あるいはICTを活用したコミュニケーション・プラットフォームやエネルギーマネジメント・システムの構築などインフラを、まちづくり会社が、意図的・先導的・戦略的につくり出し、次を誘発していく必要がある。

❸都市を中心とした圏域を再生

　都市圏内に大きな中心はひとつだとしても、都市圏を構成するそれぞれのコミュニティに必要な2次的、3次的な中心を取り戻さなければ、高齢化し、人口の希薄化によって解体されつつある地域社会は立ち行かなくなる。2次的中心とは、高松都市圏で言えば坂出の中心商店街、3次的中心とは、高松市を構成するコミュニティのひとつ栗林の中心部、あるいは庵治、綾川などの周辺集落の中心である。大きな中心以上に衰退の激しいこれら2次的、3次的な中心を、コミュニティの核として再生を図る。

　このような中心地の階層秩序は、経済地理学やその応用であるマーケティング

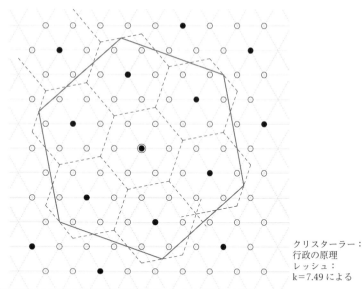

クリスターラー：
行政の原理
レッシュ：
k=7.49 による

各まちづくり会社の仕事	●核：30万人	●縁辺：30万人	●：5000〜1万人	○：1000人
イメージ	中高層の町並み 地下〜3階店舗＋マンション	中低層の町並み 町家型店舗＋集合住宅	低層の町並み 市場	低層の町並み コミュニティ・レストラン
土地利用	再開発事業・床保有運用	身の丈型再開発	優良建築物等整備事業	空き家・空き店舗活用
毎日行きたいたまり場・緑地	とってもおしゃれ	ちょっとおしゃれ	日常界隈	現代版井戸端
住宅供給	CCRC、都心住宅	町家型共同住宅	町家型共同住宅	田舎暮らし住宅
ライフスタイルのブランド化	ライフスタイルショップ旗艦店	ライフスタイルショップ展開	クラフト工房	クラフト工房
食品	生鮮マルシェ	ファーマーズ・マーケット	ファーマーズ・マーケット	徒歩圏マーケット
飲食	地産地消プレステージレストラン	地産地消レストラン	コミュニティカフェ＆レストラン	コミュニティカフェ＆レストラン
医療・福祉	医療施設＋健康長寿・子育て施設	健康長寿・子育て施設	健康長寿・子育て施設	健康長寿・子育て施設
駐車場	立体駐車場建設・運営	駐車場確保・運営	駐車場確保・運営	駐車場確保・運営
例：高松*	広域交流拠点（丸亀町など）	広域交流拠点（田町など）	地域・生活交流拠点（仏生山、牟礼など）	基礎単位（近隣単位）

*多核連携型コンパクト・エコシティ推進計画

図 4-6　中心地の階層とそれぞれに必要とされる機能

理論のなかで整理されてきた。図4-6は、ドイツの地理学者クリスターラーの行政の原理、あるいはアメリカの経済地理学者レッシュの理論に基づく図解である。このような階層秩序は、モータリゼーションや郊外大型店によって破壊されてきたが、コミュニティや環境の観点から改めてその重要性が再認識されている。高松市は「多核連携型コンパクト・エコシティ推進計画」(2008年)で、市内の中心を、広域交流拠点、地域交流拠点、生活交流拠点の3段階に区分し、それぞれに必要な都市機能を集約していく方針を打ち出した。地方創生も「まち・ひと・しごと創生総合戦略(2015改訂版)」において、中核都市と近隣市町村で形成する「連携中枢都市圏」の推進、「まちのへそ」の形成によるにぎわいづくり、集落生活圏維持のための「小さな拠点」の形成などを打ち出している。

　図の下にはそれぞれの核の景観的なイメージと、必要な機能を、まちづくり会社の役割として整理してみた。今や大きすぎる中心商店街(広域交流拠点)は核と縁辺に分けた。縁辺部は住宅地化が進み、パリのフォブール・サンジェルマンのように、中心核への門前町のような存在になって、それぞれ魅力的な小さな核となっていくだろう[8]。

　表に例示したように、圏域の中心都市の中心市街地とともに、周辺の都市・集落の中心を再生、コミュニティ・コンビニ、コミュニティ・レストラン、子育て・介護施設を整備する。そして圏域全体でネットワークを構成。これら施設、その利用者、生産者を、ICTを駆使したメディアでつなぎ、次世代型のローカル・コミュニケーション・プラットフォームを構築する。東京発でない身近な情報がかけめぐる場を形成し、そのなかで地域の市場(産物、商品、店舗、サービス)が創出される構造をつくる。ここで、クリエイティブ・タウンは、地域へのポータル(入り口)としての役割を果たしていく。こうして生まれた市場を、地域外へ発信していく。

　このように、人口減少下に不可避とされる、都市のコンパクト化や縮退(シュリンク)という課題を、地域での一極集中で解決するのではなく、ICTも駆使しつつ、2次的、3次的な中心や基礎集落とネットワークを組織化し、相補的・相乗的に持続可能なまちづくりを実現していくことこそが「賢いシュリンク(スマート・シュリンク)」といえるだろう。

❹**地域相互の連携**　同様のプロジェクトを行う地域の連携を図る。高松丸亀

町では、奈良の「くるみの木」や博多の「ぶどうの樹」のノウハウを得た。石巻のライフスタイル・ショップ「ASATTE」には、高松丸亀町の「まちのシューレ」のノウハウが惜しみなく注ぎ込まれた。

　［国→県→市町村→コミュニティ］というツリー構造を、地域コミュニティ相互が協力しあうセミラチス（Semi-lattice）型（ネットワーク型）構造へ変える（図4-7）。ツリー構造では各店主は既成の問屋システムなどでバラバラであり、大手資本によって容易に解体されていく。セミラチス構造では、地域同士が連携し、連携によって相互に補完し合う。地域間でノウハウを交換しながら、地域の産品と文化に基づいた事業を展開する。大手流通資本にはできない新業態を開発し、対抗していく。地域にこだわる事業とは、排他的になることではなく、地域が連携することで達成される。なお、ライフスタイルのブランド化は、地域の起業家によって担われ、雇用の70パーセントを支える中小企業を活性化する。

　❺国際化戦略に取り組む　　ライフスタイルのブランド化を標榜するクリエイティブ・タウンは連携して、すぐにでも世界へ訴求する活動に取り組むべきである。

　とりあえずは、国際見本市への出展を通して、国際社会へ訴求することが第一歩となる。試みに、フランス・カンヌで毎年開催されるMIPIM（Le marché international des professionnels de l'immobilier：国際都市開発見本市）へ、本書でも紹介している高松丸亀町、長浜、さらに山口と沼津のプロジェクトを中心市街地再生の修復型プロジェクトとして出品し、未来プロジェクト部門へ応募したところ、最優秀賞の栄誉に輝いた。さらに同じくフランス・カンヌで毎年開催されるMAPIC（Le marché international de l'implantation commerciale et de la distribution：国際不動産商業見本市）へ、2011年と2012年の2回にわたり、東北のライフスタイルを中心に、復興の動きを含め展示を行った[9]。

　2011年は、クールジャパンの一環としての出展で、東北全般の伝統や現状を知らせる写真・映像、クラフト、東北の硯を使った習字コーナー、野菜寿司の実演などを展示したが、なかでも石巻の大漁旗を使って製作した衣服、帽子その他の作品が目を引いた。この展示ブースは、ブースのデザイン自体が日本のライフスタイルを表現するものとして好評で、パリの新しいファッション・スポットとして注目を集めている「レ・ドック」からも熱心な勧誘をうけた（実現しなかった

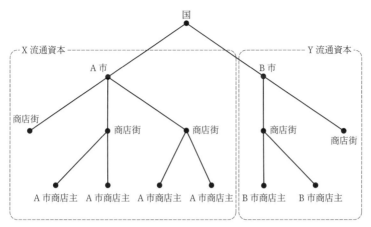

ツリー構造においては、各商店主は既成の問屋システムなどでバラバラであり、容易に大手流通資本によって解体されていく。大手流通資本は、国土を領土分割していく。

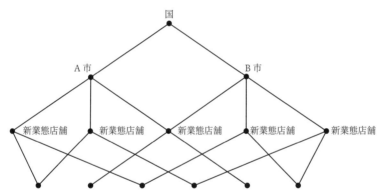

セミラチス構造においては、地域同士が連携し、連携によって相互に補完し合う。大手流通資本にはできない新業態を開発し、対抗していく。

図 4-7　ツリーとセミラチス

（出典）アレクサンダー（1965）「都市はツリーではない」にヒントを得て作成

が)。2012年は他の日本企業との共同展示で、ポスターのみであったが、そのとき小さなアンケートを行った。ほとんどの人が、日本の地方都市に、自然に囲まれた美しいまちというイメージを抱き、政府のサポートなど安定的な財政運営が行われていれば投資したいと回答を寄せた。一連の試行で、われわれのライフスタイルの発信に自信を深めるとともに痛感したのは、私たちのまちに美しい町並み・環境を取り戻すことの重要性だ。

クリエイティブ・タウンの実践 ❸

第5章
デザイン

1 ふたつの都市像

町並み型とタワー型

　クリエイティブ・タウンには、住民にとっても、来街者にとっても、美しく快適で住みよい（そして少し刺激的な）まちという舞台が不可欠である。それはどのようなまちであろうか、どのようにして実現するのであろうか。すでに紹介したふたつの都市に見るように、クリエイティブ・タウンのための特別なデザインがあるわけではない。「ライフスタイルのブランド化」というもうひとつの目標からも分かるように、それぞれの都市の歴史的な構造を読み取り継承することでデザインの方針は決まるはずだ、ということを述べていこう。しかし現実は、現代建築が歴史的な都市構造や建築を否定的に捉えた結果、日本の多くの都市が美しく快適で住みよいとは言いかねる町並みに変わってしまっている。クリエイティブ・タウンのデザインは、この流れを180度転換することから始まる。

　まず、図5-1を見ていただこう。1999年にまとめられたイギリス政府の報告書『アーバン・ルネサンスをめざして』に掲載されている図である。ブレア政権時代に新しい都市政策の方向を探るべく、建築家のリチャード・ロジャースが委員長をつとめるアーバン・タスク・フォースがまとめた報告書である。100メートル角の敷地に、同じ密度（1ヘクタールあたり75戸）を、高層・低建蔽率で入れた場合と中層・中建蔽率で入れた場合が比較されている。前者はオープンスペースのなかにタワーを配置するタイプ、後者は街路沿いに建物を並べ、街区内に中庭を設けるタイプである。とりあえず、前者をタワー型、後者を町並み型と呼ぼう。

　「街路は、1階が小売や商業機能のコンパクトで中層の建物で囲まれるべきだ」

と注記されている。クリエイティブ・タウンに相応しいのは、この町並み型であることは自明であろう。歴史的な都市の建物はこのパタンであるが、現代建築はこの歴史的な建物の作り方を批判し、タワー型を目指したのであった。もちろん、今日なお、にぎわうショッピングストリートは町並み型である。代表例は東京の銀座であろう。銀座では、商店主たちが合意した銀座ルールで町並みを守ってきたのだが、松坂屋の建て替えに伴い、そのルールを変えたいというタワー型の殴り込みがあって、大論争になったことは記憶に新しい。

　一般に、町並み型が変わるきっかけはマンションの進出である。地価が高止まりしている中心市街地では、一戸あたりの土地代の負担を下げるため、建築規制の範囲内で目一杯の住戸数を建てようとする。中心市街地の敷地は間口があまり広くないから、通り側より、奥行方向に住戸を並べるプランになる。大抵は自分の敷地と道路だけでは日当りや通風を確保できないので、隣の敷地に依存することになる。あるいは、街区内部にたまたま、あまり利用されていない場所ができていると、そこに高いマンションを建てることになる。このようなマンションはタワー型である。ただし、周辺に空き地があることで成立するタイプの建築という意味でタワー型なのであって、図に示されたような周りにオープンスペースを確保した上でのタワーではない。周りのよその土地もオープンスペースであることを期待した上での似非タワー型である。このようなマンションが続くと、マンションとマンションが日当りを奪い合う悲劇が起こる。

　『朝日新聞』の2003年4月29日付夕刊に、「マンション不満連なる」という見出しの記事が載った。ヘリコプターから撮った3棟の板状高層マンションが至近距離で平行に並ぶ写真に添えられたもうひとつの見出しは「7階建て南に12階、その南に14階、そして4棟目」「反対運動3度目」。場所はさいたま市浦和区。この「浦和の悲劇」は、タワー型は、ひとつの敷地だけ取り出せば一定の合理性があるが、適切な計画を欠いたまま複数が並んだときには結局、合理的な解にならないことを如実に示す例といえよう。

2　タワー型──ル・コルビュジエの描いた都市像

　タワー型は、20世紀の初めに現代建築のパイオニア、ル・コルビュジエによって描き出された。現代都市のモデルとして瞬く間に世界へ広がり、今日なお都

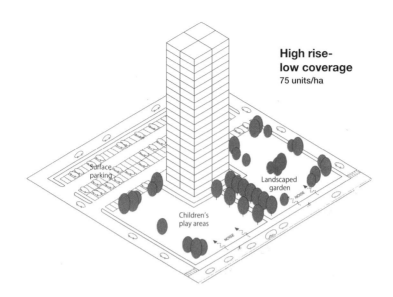

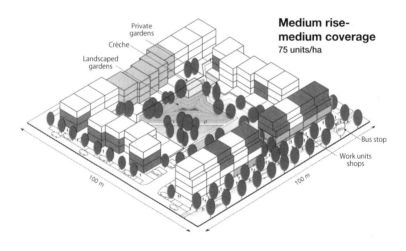

図 5-1　タワー型から町並み型へ
（注）上下とも同じ密度と戸数（1 ヘクタールあたり 75 戸）。
（出典）The Urban Task Force（1999）

市開発の主流である。しかし、当初から批判的な評価も少なくなく、さまざまな試みも行われてきた。『アーバン・ルネサンスをめざして』もその流れの一齣にほかならない。

　ル・コルビュジエがこのタワー型の都市像を公にしたのは、1922年のサロン・ドートンヌ展においてであった。1903年以来、今日なお続く美術展に「300万人のための現代都市」と題して出展された（図5-2）。都心部には十字形をした24本のタワーが摩天楼をつくり、その周囲には400メートル×600メートルのスーパーブロックに板状の集合住宅が配置されている。スーパーブロックとは、自動車を排除した大きなブロックで、建蔽率は15パーセント。したがって85パーセントがオープンスペースとなるにもかかわらず、当時のパリの人口密度145人／ヘクタールを凌ぐ300人／ヘクタールが達成されるとした。その簡潔にして明快なパースは今なお、建築学科学生の製図のお手本である。

　町並み型との対比という点では、3年後の現代産業装飾国際博覧会として開催されたパリ万国博覧会で、ル・コルビュジエ自身が設計したエスプリ・ヌーヴォー館に展示されたパリのヴォワザン・プラン（図5-3）の方が明快であろう。「300万人のための現代都市」をパリに適用したプランで、シテ島の北に広がるパリの中心部を摩天楼に変え、中庭型アパートがぎっしり詰まった古いパリと対比してみせた。古いパリの方は、ヴォワザン社製造の飛行機からの空中写真が使われており、これが名称の由来らしい。ル・コルビュジエはこのプランを「パリを時代の精神に引き上げる」と自賛した。別のスローガンは「水平過密都市から垂直田園都市へ」である。

　その後も、『ユルバニスム』『輝く都市』などの著作、近代建築国際会議CIAMの「アテネ憲章」などで構想を展開し、それらで描き出された新たな都市像は、「タワーズ・イン・スペース（Towers in Space）」と呼ばれ、世界へ広がっていった。この後、高層化とオープンスペースによる都市開発の提案が、続々と世界中の建築家から提案された。メタボリズムを標榜する日本の建築家も、大胆な提案を繰り返した[10]。実際の開発では、世界中の公共が関わる住宅地開発で積極的に活用された。日本の住宅公団が始めた南向きの板状の住棟を平行に並べる、南面平行配置の団地もこの延長線上にある。そしてその後のわが国のマンションも、みずから十分なオープンスペースを用意しないが、この系譜にあることはすでに見た通りである。

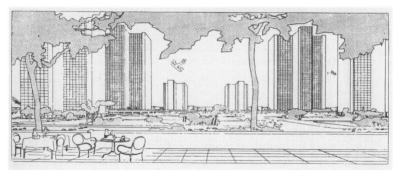

図 5-2　ル・コルビュジエ「300万人のための現代都市」パース

図 5-3　ル・コルビュジエ「パリのヴォワザン・プラン」

　ここでル・コルビュジエの名誉を守るために急いで付け加えれば、ル・コルビュジエは、タワーとオープンスペースをセットで整然と配置することを提案したのであって、タワーだけを提案したのではない。タワーは、基本的に隣と距離をおくことで(孤立することで)成立する建築形式である。わが国のマンションのように、他人の土地でも周りに空き地があることを期待する(周りの環境を奪って成立する)ようなタワーは、ル・コルビュジエも望まなかったであろう。

　タワー型への批判は早くからあった。まず、アメリカで田園都市運動を展開し

第5章　デザイン　　085

『歴史の都市 明日の都市』など多数の著作で知られるルイス・マンフォードは次のように批判した。

> 彼は都市の本質に、そして常に増殖していくグループ、社会、倶楽部、組織、施設の適切な配置に、不動産ブローカーや市役所の技師以上の関心を払っていない。要するに、彼は現代都市のあらゆる特徴を受け入れたが、その本質たる社会的・市民的性格は除外したのである……。ル・コルビジエのスカイスクレーパーの度を超えた高さには、それらが技術的に可能になったという事実以外の存在理由はない。中央のオープンスペースも、彼が想定するスケールでは、事務所街で平日に歩行者が歩き回るための動機はなく、存在理由はない。ル・コルビジエは、スカイスクレーパー都市の実利的、経済的イメージを、有機的環境というロマンティックなイメージと交配することで、魅力の乏しい雑種を生み出したのだ[11]。

田園都市運動は、本家イギリスの場合も含め、市民が資金を出し合いNPOディベロッパー（まちづくり会社！）を設立し、理想のコミュニティをつくっていくという運動である。テーマは、自立した市民の協働である。マンフォードがこの観点から批判をしたのは当然であった。

ジェイコブズの4原則

そして、ル・コルビュジエの都市像に決定的な矢を放ったのは、日本でもよく知られるジェイン・ジェイコブズである[12]。彼女は、1961年刊で今なお読み継がれている『アメリカ大都市の死と生』で、ル・コルビュジエの都市像を徹底的に批判、都市の多様性を実現するための4つの条件を挙げた。クリエイティブ・タウンにとても重要なので、すべてを掲げておく。

> ①地区、そして実際にはその内部のできる限り多くが、ひとつの基本的な機能以上の機能、できれば2つ以上の機能を持たなければならない。こうすることで、人々が、異なったスケジュールで戸外へ出て行き、異なった目的でその場所にいて、多くの施設を共通して使うことができる、という状態が保障される。

②町なかのブロックは短くなければならない、つまり、街路や街角を曲がる機会が頻繁になければならない。

　③地区には、経済的な生産性の異なる相当量の古い建物を含む、年代と条件の異なる建物が混じりあっていなければならない。この混じり合いは、相当程度細かく入り混じっていなければならない。

　④人々は、どのような目的でそこにいるにせよ、十分に密集していなければならない。このことには、住宅があるがゆえにそこにいる人々の場合の密集も含む。

　いずれも、ル・コルビュジエとその思想を受け継いだ都市計画の原則と真逆の内容である。①は、ル・コルビュジエの提案が、業務、商業、住宅、工業などの用途を截然と区画していたこと、その後の都市計画も用途の純化を目標としたゾーニングを基本手段としていたことへの批判である。②はスーパーブロックへの批判である。すなわち、ブロックを大型化し、自動車の入らないオープンスペースをたっぷりとって建物を配置するというル・コルビュジエの考え方に対して、それは人と人とが出会う機会を失わせると批判している。確かに、スーパーブロックの歩道に人影を想像することはむずかしい。③は、ヴォアザン計画のように、歴史的な建物を一掃する再開発への批判、そして④は、人びとが一定の密度で集まる場所をつくる必要性を述べている。ル・コルビュジエは、ヴォアザン計画で従来のパリより密度があげられると主張したが、それでも300人／ヘクタール程度であった。また過密による疫病の蔓延を防止する公衆衛生から始まった近代都市計画は、そのトラウマからひたすら低い密度をめざした。ジェイコブズは、水道や下水が普及し、一定水準の住宅が確保されるようになっても、低密度をよしとする都市計画に、都市のにぎわいと心地よさという観点から異を唱えたのである。

　ジェイコブズの本が出版された前年、ニューヨーク市はゾーニング条例を大改正し、ビルの足元に広場を設けると容積率を割り増す制度を設けている。ル・コルビュジエのタワー型の考え方に従った制度で、ジェイコブズの考え方とは真逆の措置である。その後どうなったか？　各ビルが手ん手につくる広場が、町並みを途切れさせ、日当りなどの条件の悪いところに広場ができることが批判され、1960年代の末から今日まで何回かの政策の転換が行われた。たとえば、南北方

向の大通りであるアヴェニューに対する東西方向のストリートと呼ばれる横道沿いには昔から3階建て程度のテラスハウスがつくられていたが、それらを大切にするゾーニングへ転換が図られた[13]。ジェイコブズの正しさが証明されたのである。

タワーズ・イン・スペースのもうひとつの申し子は、高層住宅団地である。特に公営住宅にこの形式が多用されたアメリカやイギリスにおいて、その末路は悲惨であった。オープンスペースにタワーを並べた場合、たとえ美しく緑化されていても、タワーの足元の雰囲気は、他人とのコミュニケーションを危険と感じさせるほど殺伐としており、コミュニティが徹底的に破壊されている。

こうしてアメリカやイギリスで建設された高層住宅団地は、ヴァンダリズム（蛮行）の対象となり、荒廃していった。1980年代には次々と取り壊され、中低層の住宅へ建て替えるプログラムが実行されたのであった。

チャールズ皇太子の10原則

もうひとり、この問題を正しく指摘した人物を紹介しよう。イギリスのチャールズ皇太子である。チャールズ皇太子はBBC放送の番組で近代建築批判を展開し、それを *A Vision of Britain*（邦訳『英国の未来像』）という本にまとめた。この本は、日本を含め各国語に翻訳された。この本の中央に、建築が依拠すべき「10の原則」があげられている。

① 場所　The Place
② 段階的秩序　Hierarchy
③ 規模　Scale
④ 調和　Harmony
⑤ 囲み　Enclosure
⑥ 材料　Materials
⑦ 装飾　Decoration
⑧ 芸術　Art
⑨ サインと照明　Sign & Light
⑩ コミュニティ　Community

このなかでも重要なのが「囲み(Enclosure)」である。「囲み」について、チャールズ皇太子は、都市の広場とオックスフォードのカレッジの中庭の写真を掲げ、次のように述べる。

> 建築の偉大な喜びのひとつは、上手にデザインされた囲みを感じることである。……コミュニティの精神は、建物が独立した建て売りより、上手につくられたスクエアや中庭の方がはるかに容易に形成される。

この本の出版は1989年であるが、チャールズ皇太子は今なお、これら原則に配慮しない建築家への異議申し立てを続けている。

なぜ、タワー型は根強いのか

以上の経過にもかかわらず、わが国ではタワーズ・イン・スペースは今なお健在である。なぜであろうか。最大の要因が経済であることは言をまたないであろう。敷地の単位面積あたりの建物の床面積を大きくすることが経済効率を上げることであるから、1980年代半ばの中曽根民活以来、容積率の緩和が常に規制緩和の目玉となってきた。容積率を増やすだけならタワーにする必要はないが、タワーにすることで足元に空き地が生まれ都市の公共空間を広げることができるというル・コルビュジエの都市像を根拠に、広場をつくれば容積を割り増すという「広場ボーナス」の制度が広く世界で行われるようになったのである。わが国も例外ではない。しかし、大都市の都心業務地区はともかく、住宅の容積率アップには限界がある。ここで容積率について検討しておくことが、あとあとの議論でも有効であろう。

まず、日当りや通風が重要な住宅では、みずからの敷地でそれらを確保しようとすると容積率は200パーセントが限界ということを確認したい。しかし、同じ敷地面積でもできるだけ大きな建物をつくって儲けたいと思う人びとは、容積率は大きければ大きいほどよいと考える。たとえば、国会で次のような議論があった。

> ……ですから、亀井大臣がここまで思い切ったことをやったんだから、私はこの容積率を将来2000パーセントぐらいにしてしまって、これは大臣な

第5章 デザイン

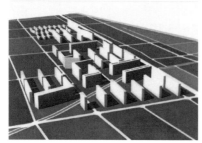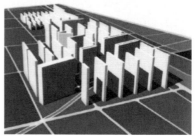

図 5-4 容積率 171 パーセントの高島平団地(左)とそれを 400 パーセントにした場合(右)

らできるのではないかと思うのですが、そうすることによって、ああ日本にお金を投資して、あそこには面白い話があるというふうに海外の投資家たちが目を向けるような形、これを集中して一気呵成にやったらどうか……

　少し古い例で恐縮だが、1997 年 5 月 16 日の衆議院建設委員会における、当時の亀井静香建設大臣に対する「私がマツモトキヨシです」の松本和那議員の質問である。不況に喘いでいた当時、なんとか建設活動を活性化しようと、住宅に限って容積率を基本容積率の最高 1.5 倍まで増やし、斜線制限を緩和し、日影規制を適用除外とする「高層住居誘導地区」を新設する法律改正が企図された。その審議のときの質疑である。さすがの亀井大臣も「私は匍匐前進をするきわめて慎重な男でございますので、委員の今の御提言、直ちにそのようにいたしますと言うわけにはまいりませんけれども……」と応ずるのだが、容積率＝開発利益という一般の理解を示す好例と言えよう。

　容積率 200 パーセントとはどのようなまちか。図 5-4 は東京都板橋区にある高島平団地である。タワーズ・イン・スペースの申し子のようなデザインであるが、この団地の容積率は 200 パーセントを切る 171 パーセント。南向きの棟の場合、隣棟間隔を建物の高さと同じにすることで、1 階で冬至 2 時間の日照が得られるように配置されている。先の高層住居誘導地区は、たとえば、400 パーセントの指定だが、斜線制限や日影規制で 200 パーセント程度しか使えなくなっているのを、600 パーセントまで使えるようにしますという触れ込みである。そこで高島平の住棟をすべて 2 倍の高さにして、400 パーセントに近づけてみよう。まるでドミノのようになる。ル・コルビュジエもビックリとはこのことであろう。

このような議論をすると、「ニューヨークでは住宅でも1000パーセントを超える地区もあります」と反論される。しかし、ニューヨークのゾーニング・マップをよく見てほしい。住宅で「1000パーセントを超える地区」はごく例外で、先に述べたストリート沿いのテラスハウスは150パーセント以下である。「パリを見よ」と言う人もいる。パリのまちでは、7〜8階建てのアパートが軒を並べ、道は広く、緑も豊かだ。低層の木造密集地が広がる東京よりも、土地が効率的に使われていると主張される。パリのアパートの容積率は300〜400パーセントである。ただし1、2階は店舗で、住宅は3階以上であるから、住宅だけを取り出すと200パーセント程度である（図5-5）。

　「パリを見よ」と言う人は、高さや容積率とともに、パリのアパートがタワー型ではなく、町並み型であることに気づくべきである。さらにその町並み型を成立させている条件を知るべきである。パリのアパートは、ル・コルビュジエが唾棄した中庭型で、街路ギリギリに建ち、隣家と壁を共有している。中庭は、その、日当りや通風をもたらす効果を高めるため、隣と位置を調整してより大きな中庭が確保できるようにしている。高さは道幅に応じて決まっており、おおむね6階から上はペントハウス（屋根裏）でセットバック（敷地境界線、道路境界線などから後退して建物を建てること）しなければならない。つまり、周囲に空き地を期待する日本のタワー型マンションでは、環境の奪い合いが起こるばかりで、パリの町並みは実現しない。

　そのパリも、建築の規制は日本と同じように、道路からセットバックしたり、建物を敷地の中央に寄せることを推奨する内容になっていた。しかし、その結果生まれる空間はあいまいで意味のない空き地を生み出したに過ぎなかった。こうして、2000年に制定された都市の連帯と再生に関する法律（SRU法）に基づき、建物は道路からセットバックしない、中庭を生み出すように棟を配置する、と180度転換された[14]（図5-6）。町並み型への転換は世界の潮流と言えよう。

高密≠高層

　住宅の容積率が150〜200パーセントならば、建築は高層化する必要がない。同じ密度でタワー型と町並み型を比較してみせた本章冒頭の『アーバン・ルネサンスをめざして』の図は、そのことを示している。図は75戸／ヘクタールの例で、容積率に換算すると100パーセントを切っているが、200パーセントまでな

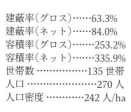
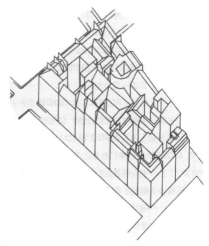

建蔽率(グロス)……63.3%
建蔽率(ネット)……84.0%
容積率(グロス)……253.2%
容積率(ネット)……335.9%
世帯数……………135世帯
人口………………270人
人口密度…………242人/ha

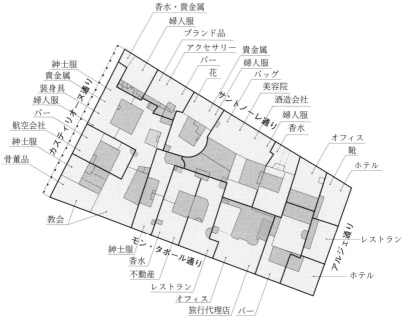

図5-5 パリの典型的な街区(モン・タボール通り地区)の容積率等と店舗
(注) 網かけの部分が主な中庭。
(出典) 東京都(1991)(原図:ディー・ワーク)

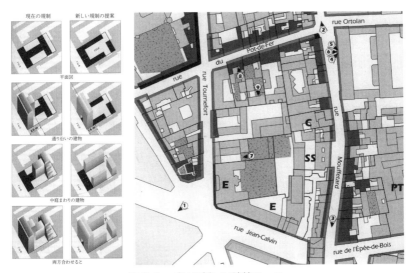

図 5-6　パリの新しい建築ルール

（注）左の図は、棟を敷地のなかへ寄せることを促す規制から中庭を生み出すことを促す規制へと変えることを示している。右の図は、建物を道から後退させることで曖昧で積極的に使われない空間が生まれていることを示している。
（出典）APUR: *Paris Project*, no. 32-33, 1998

ら、高層化は必要ない。まず、次の文章を読んでほしい。

　はじめに、ある信じられないほどの幻想について申し上げたいと思います。それは、1990年の今日、ほとんどの日本人が信じている幻想なのです。
　誰でもが知っているように、今日、日本では地価が上昇し、狭い土地にたいへん多くの人々が住まなければならなくなっています。いちばん密度の高いところでは、1ヘクタールの土地に、およそ200戸の家族を住まわせなければいけないと言われています。それが必要だというのです。そして、この高密度で人々を住まわせるには高層住宅は避けることのできないものだとされています。そのために、昔からの下町にあるような住まいは、もうつくることはできないと思われています。
　しかし、それは根本的に間違っています。それが私たちの間にはびこっている幻想なのです。

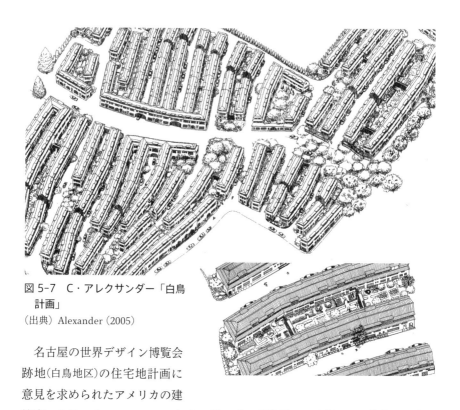

図 5-7 C・アレクサンダー「白鳥計画」
(出典) Alexander (2005)

名古屋の世界デザイン博覧会跡地(白鳥地区)の住宅地計画に意見を求められたアメリカの建築家、クリストファー・アレクサンダーが、高島平によく似た 14 階建てを含む住宅公団案に対して、戸数や駐車場等をまったく同じ条件にして、低層集合住宅による計画(図5-7)を提案したときの発言である[15]。

なぜ、低層でなければいけないのか、高層であってはいけないのか。アレクサンダーの出発点はきわめて自然である。「もし小さな家が小さな通りに面していて、小さな庭がある住まいと、高層住宅のなかの住まいと、どちらを選ぶかと問えば、だれでも小さい独立住宅の方を選ぶだろうと思います」。そして「自分自身が住んでみたいと思う環境を他の人びとにも提案するという姿勢」を基礎に据えなければならない、と設計者の態度を問い、続いて、住宅をイメージしていく。「私は地面の近くに住みたい。そして小さな庭を持ち、家の前の通りが美しいことを望みます。通りを歩くということは楽しいことであり、そこで子どもたちも安全に遊ぶことができるのです。それには、2 階より高いところに軒先があってはよくないと思います。家の中には、たくさんの美しい陽射しが差し込んでいま

す」「私は自分の家は自分でアレンジしたい……私の家はこれなんだと言えるようにしたい」。

こうして、具体的な工夫が重ねられていくのだが、高層住宅には不可能な何を実現しようとしているのか、際立つ点は次の3点だ。

1. 足元のオープンスペース
「高層住宅の一番の問題は、コミュニティが徹底的に崩壊させられているということです。近所の付き合いを全く感じないまま、まるで犯罪者が刑務所から出てくるように駐車場を走り抜けていくのです。高層住宅の足元というのは、とくに破壊的な雰囲気を持っています。私たちが提案している、小さな通路をもった空間では、人々はごく自然に「こんにちは」と声をかけ合うことができるのです」。
2. 各戸ごとにとりつけられた階段
「みなさんもそうお考えになると思うのですが、私は自分の家には自分の入口が欲しいと考えています。ですから、上の階に住む人たちも自分の家へ行くには自分だけの階段を使うようにしています」。
この結果、各戸が小さいながら自分の庭をもつことができる。
3. 私の家、私の路地
「通路については、意図的にやや柔らかなカーブを描くように計画しました……一人ひとりが自分の独自の場所を認識することができるのです。……建物の両側面にはきれいな窓が並んでいます……各住戸の間取りは各家族の求めに応じて適切なようにアレンジされていますので、窓の形も微妙に違います。そのことによって、植物の形態に見る有機的秩序のように、通りを歩く人たちもユニークな違いというものを感じることができるのです。……ひとつひとつの住まいが生き物であるかのように見えてきます。不幸なことに、現在建てられている高層住宅ではうまくいっていませんが、これはもともと、日本では伝統的な建物のなかにいつも存在したものです。人間と同様、どれひとつとして同じプランは無いのです」。

いささか引用が長くなってしまったが、この文章を読むと、高層は低層で代替できますということではなく、高層タワー化が、住宅のもつ本質や可能性を変質

させていることに気づくのである。都市の住宅政策をめぐっては、都心から30分以内はすべての住宅を中高層化すべしという意見が、経済学者を中心に主張されてきた。それでは既存のコミュニティが壊れるという反論に対し、「家賃補助政策を採用し、高齢者、低所得者などの従前居住者の中高層化後の住宅への入居を確保し、コミュニティの存続を図る」[16]と主張された。このような主張は未だに根強いが、第1に高密度化には高層化が不可避と考えている点で、第2に中高層化で変質する住環境への想像力をまったく欠いている点で、ル・コルビュジエのタワーズ・イン・スペースと同様の単純な合理主義へ陥っていると言わざるを得ない。

空間は人と人とのコミュニケーション、そして社会関係を律する。住宅で言えば家族成員間の関係を、町並みで言えば家族と家族、住民と来訪者の関係を規定する。そこでは、空間のデザインが決定的な役割を果たす。中核都市の中心市街地で言えば、その再生の最大の目標は、そこがその都市の市民が住まい・集い・働き・憩う場所になることである。しかし、今日の日本で広く信じられている以下のスローガンは、そのような場所を壊すことはあっても、創り出すことはない。

- 日本の国土は狭いから高層化が不可避だ！
- 道は広いほど良い！
- オープンスペースは広いほど良い！
- 高層化すればオープンスペースが確保できる！
- いったん決めたら青写真通り（計画的）に作る！ 計画通りにつくらないから、ろくなまちができない！
- 大きいことはいいことだ！
- 統一的にデザインした方が、良いまちができる！
- 水平過密都市から垂直田園都市へ（ル・コルビュジエのタワーズ・イン・スペース）！
- 多様性に富んだ自然よりミッドタウンのグリーンが快適！

では、クリエイティブ・タウンのデザインは何を目指すのか？ それは、高層化・オープンスペースとは異なった方式で、集まって都市をつくることができる建築のあり方を探し出し、都市空間を再構成していくことである[17]。その手がかりを、町並み型を実現していた歴史的都市に探ることは理にかなっている。

図 5-8　川へ下りる階段。(左)ストラスブール、(右)佐原
(注) 佐原では「だし」と呼ばれる。

3　歴史的な都市に町並み型の条件を探る

ストラスブール

　どこか、美しく快適な町並みを思い浮かべていただきたい。ここではフランスのストラスブールを取り上げてみる。何かというとすぐ欧米を引き合いに出す「出羽守(でわのかみ)」という批判を受けそうだが、美しく快適な町並みには、古今東西の都市に共通する原理があることを、続いて日本の町並みを取り上げて証明していく。たとえば、川べりの階段。日本の佐原の「だし」にそっくりである。佐原の「だし」はもっと小さいけれども、このような階段が、荷の上げ下ろしという役割を終えた後も、水面を身近に感じさせ、とても気持ちがいい場所をつくりだしているということが世界に共通している。

　ストラスブールはドイツとの国境にある。少し上の世代には、国語の教科書に載っていた『最後の授業』の舞台となったアルザスの中心都市というとピンとくるかもしれない。『最後の授業』は、普仏戦争でフランスが負けた結果、アルザスがドイツ領になり、フランス語の授業が最後になる教室を描いた作品である。この歴史からもうかがえるように交通の要衝に築かれた都市で、今日ではヨーロッパ議会が置かれ、ヨーロッパの首都として知られる。まちなかを新型の路面電車 LRT が走っていることでもよく知られる。ストラスブールは、英語で言えば「ストリート・タウン」すなわち「街道のまち」で、商店街が中心の日本の中心市街地と比較するにはちょうどよい。

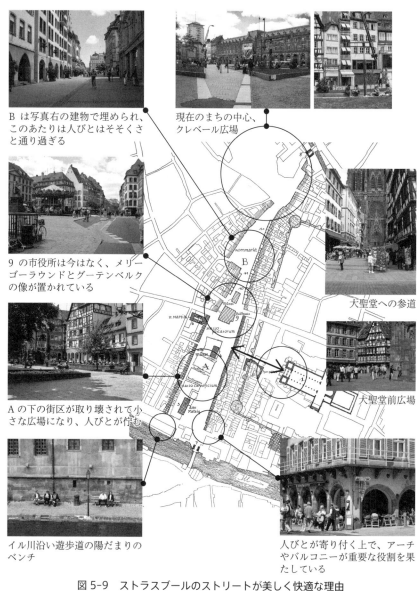

図 5-9 ストラスブールのストリートが美しく快適な理由

(注) 図は Gruber (1977)。この図は、ローマン・タウンの外壁に沿った通りに市場ができ、市役所などが設けられ広場が形成されたプロセスを示している。A が 10〜12 世紀の司教マルクト、B が 13 世紀末の都市解放後の市民広場。現在は、一部の街区や建物が壊され広場になったり、逆に広がりに建物が建てられるなどさらに変化している。

もともとは、ローマ帝国がその広大な版図のなかに点々と築いたローマ・タウンのひとつである。その共通する特色は、長方形の城壁で囲まれ、東西方向と南北方向の道が交差していることである。「街道のまち」といわれる由縁は、ローマ・タウンのすぐ外側の、ちょうど川の渡りやすいところに街道が通っていて、中世にそこが市場になり、まちの中心になって、さらに発展していったからである。この通りが今も観光客の集まる中心のひとつであるが、少し観察してみよう。

　まず、この道は、決して今日のわれわれが見るような、ストンと車の通る平行な通りではない。道のあちこちにピョコっとへこんだコーナーがあって、人がたまっている。それから、建物の壁がアーケードになったりして、そういうところにも人がたまっている。道は幅が一定でなく凹凸があるが、建物のファサードはずっと連続していて切れ目がない。囲まれた感じが生み出され、このなかに座っていると、非常に落ち着く。逆に、広がっているところは空白になりがちだが、ちょうどヘソのように、メリーゴーラウンドや、グーテンベルクの銅像が建っていて、人びとはそれらを拠り所にたたずむことができる。かつては、かなり幅広であったが、ラートハウス(市役所、今はない)はじめ建物がなかに建ち、広々とした空間を適切な大きさに区切っていった結果である。

　ストラスブールのストリートが美しく快適な理由をまとめてみよう。
　まず、時代や建て主の異なる多様な建物からできていることである。
　第2に、それら建物が多様だが連なって道を囲み、ポジティブな外部空間をかたちづくっていることである。ある空間に建物を配置すると、建物以外の空間は外部空間となるわけだが、そうしてつくり出された外部空間が、気持ちよく時間を過ごせたり、人びとの集まる場所になる場合が「ポジティブな外部空間」、ただの建物の薄暗い隙間や裏地の場合が「ネガティブな外部空間」である。チャールズ皇太子の10の原則のひとつ「囲み」だ。
　第3に、広場やコーナーは囲まれているが、閉ざされた空間ではない。そこから房状に二次的広場、横町が広がっていく。最も重要なのは大聖堂の正面へ至る参道であるが、それ以外にも大小さまざまな広場へ至る道があって、そこを抜けるとまた別の世界が広がる。
　第4に、建物は道を囲むので、当然ながら敷地の真んなかに建っているのではなくて、敷地のなかに庭を設ける中庭型である。逆に言えば、中庭型であるこ

図 5-10　蔵造りで知られる川越一番街の町並み

とで通りが囲まれ、外部空間がポジティブになる。

　第5に、通りについて、建物の高さ(H)と道幅(D)の比が概ね1対1である。ラテン系の国々では、ローマ時代以来今日まで、HとDの比が、最も基本的な建築のルールとなってきた。建物が高くなりすぎると、道が谷底になって暗くなってしまう。道幅に比して建物が低いと、寂しい間の抜けたまちになる。その比は、広い道では1対1、狭い道で最高2対1程度とされる。

　そして第6に、建物の内外をつなぐ装置(窓、アーケード、バルコニー)が豊かに工夫されていることである。ラテン系の国々では、2階以上のバルコニーや出窓が通りの上に突き出すことを許容している。家のなかにいる人は通りの気配を、通りを歩く人は家のなかの人の気配を感じ、しかし相互が侵し合わないという微妙な関係が成立しているのである。さらに、バルコニーや出窓には、それぞれの地域固有のデザインがほどこされる。その結果、それぞれの地域固有の街路景観が生み出され、それを、地域の産物や料理、風俗とともに味わうこと、すなわち地域のライフスタイルを経験することが、旅の無上の楽しみになる。

川越の町家と町並み

　「ヨーロッパかぶれ」と言われる前に、日本の歴史的な町並みにも同じ原理が成立していることを示そう。埼玉県川越市の一番街の町並みを例に取り上げる。川越は城下町で、そのメインストリート・一番街は、城下町のへそ・札の辻から南へ約450メートルの通りで、蔵造りの町並みで知られる(図5-10)。

　一枚の古い写真を見ていただこう(図5-11)。町並みの中央に建つ埼玉りそな銀行川越支店の塔から撮ったと思われる写真である。この建物が第八十五銀行本館として建築されたのが1918(大正7)年だから、そのころ撮られたものであろう。

川越の町並みは1893(明治26)年の大火の後、日本橋の商家をモデルに再建されたと言われるが、すっかり町並みが復興している。この写真にストラスブールで見いだした「町並みが美しく快適で住みよい町」の6つの理由を見いだすことは難しいことではない。

図5-11　1893年の大火後、再建なった町並み
(出典) 岡村(1978)

　建物は大火後の短期の再建とはいえ、異なる建て主が20年以上の歳月をかけて建てたものである。ひとつとして同じものはない。道はすっかり囲まれ「ポジティブな空間」になっている。この通りの北は札の辻で十字路だが、南はT字路で閉じていた。川越は城下町であるから、十字路は札の辻一カ所だけで、他の交差点はすべてT字路であった。道に立つと、視線が閉じられ、両側も建物が並ぶから、ストラスブールの広場と同様に一体感のある空間が生まれる。ストラスブールのように道の両側の凸凹はないが、道幅は南と北で2メートル弱の差がある。第3に、町並みの背後に配置された寺院へ、数本の参道が取り付く。ストラスブール大聖堂への道と規模は違うが構造は同じだ。そして、建物は中庭型である。建物の高さ(H)と道幅(D)の比は1対1にならない。それでも蔵造りは精一杯背伸びして、棟の高さが10メートルに達しようとしていた。建物の内外をつなぐ装置の基本は、川越に限らず日本では1階の店先に取り付けられた深い庇である。2階の軒も深く、2階の窓が通りにむき出しになるのを包み込んでいる。ストラスブールでは、アーチやテラスが同様の役割を果たしていた。デザインは異なるけれど、洋の東西を問わず、同じ役割を果たすものがあることに注意しよう。

　それにしても蔵造りの建物はゴテゴテとしている。川越の蔵造りは、木造の町家を土で塗り籠めた防火建築である。そこから歌舞伎のように大げさな意匠を展開してつくられた「江戸バロック」ともいうべき建物で、目立つが数が多いわけではない。基本的な構造・構成は木造露し(あらわし)の町家も同じである。川越の町家では、1階に奥行1間の深い庇が出ることはすでに述べたとおりだが、庇を支える

図5-12 福岡県八女福島の町並み。「軒切り」されている

桁に取り付けられているのは格子戸で、昼間は取り外して戸袋にしまわれる。庇の下は昼間は開放され、通りと店内をつなぐ媒介となるのである(建築では中間領域と呼ぶ)。土地所有上も公私が交わる空間で「庇地」と呼ばれ、道路とも建物内とも区別されていた。明治の地租改正で土地所有を公私に二分するとき、庇の下をどう扱うかで明暗が分かれた。日本の多くの町並みで庇下に線が引かれ、道路側に突き出た軒が切られた。いわゆる「軒切り」で、歴史的町並みを訪れたとき庇がミニスカートのように短いと感じたら、まずこの措置がとられた結果である(図5-12)。私は癒しがたい傷跡を残したと思うが、杓子定規な法律の適用が人間的な営みを破壊した格好の例と言えよう。

京都の町家も同じように庇があり、その下に京都固有の出格子が設けられている。その隣に折りたたみ式の縁台である「バッタリ」が設けられている例も少なくない。京都の町家の庇の下は快適なコミュニティスペースであった。そう言えば、入り口の周りにベンチや椅子を置くのは万国に共通する習慣である。なお、川越も京都も、1階の庇が道路側へ突き出る形式だが、ストラスブールのように、2階が突き出て庇の役割を果たす式の町家も、木曽路などに見いだされる。庇が連なり、下を通り抜けられるようにすると、青森県黒石市など豪雪地帯に見られる雁木となる。ヨーロッパでは、アーケードとかポルティコと呼ばれる回廊になって、カフェやレストランにちょうどよい場所になる。要するに、歴史的な建物では、建物の内外の間をどうしつらえるかに大きな力が注がれていて、その具体的な表現はそれぞれの地域固有のものが展開するのである。

町家がつくるまちの空間

さて、川越の事例を使って、一定のパタンに従ってつくられた町家が、どのよ

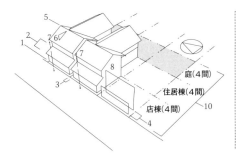

図 5-13　川越の町家の基本的なかたち
（出典）福川(1989)

うに、どのようなまちの空間をつくりだすかを示そう。クリエイティブ・タウンを構成する建物のあり方を明らかにするためである。

　図 5-13 は、川越の町家の基本的なかたちである。敷地は間口が狭く、奥行の深い鰻の寝床型である。「鰻の寝床」というと京都の町家の敷地を言うが、古今東西の都市に共通して見られる形態である。昔は間口に応じて税金がかけられたから敷地が細長くなったという説があるが、それは結果で、できる限り多くの店が表通りに店を開き、まちのにぎわいをつくり、都市の本質である集積の利益を生み出すためであった。

　建物は、通り沿いにほぼ間口いっぱいに店棟が配置され、その裏に住居棟が店棟に対して垂直に突き出し、中庭に面する。中庭を挟んで、離れや土蔵が続く。店棟がここに配置される効果についてはすでに述べた。ほとんどが 2 階建ての平入り切妻形式であるが、角地では角の側を入母屋形式にする場合が多い。道路に接し、隣とほとんど間隔を開けない配置の方法で連続する壁面をつくり、街路空間を緊密に囲み、まちとしてのにぎわいを支える舞台をつくりあげる。ただし、建物本体は、直接道路に接さず、庇を介し、街路という公共空間と私的な建物内部の衝突を防ぐ。景観的にもこの庇の連続が大きなポイントとなる。

　住居棟は、「オク」と呼ばれる 1〜2 室の部屋をもつ 1〜2 階建ての建物で、多くは棟を道路と垂直(つまり店棟と垂直)の方向へ向ける。住居棟は敷地の北側に寄せて建て、南側に空き地を残す。この空き地は関西の町家でいう通り庭に相当し、1 階は下屋を出して台所とすることが多いが、2 階はこの空間を介して南側からの日光を部屋へとり入れる。これは、隣も同じ位置に住居棟があり、それが 2 階建てであるという前提に依拠している。住居棟は、このほか、続いて配置され

図 5-14　町家に成立しているパブリックからプライバシーへの緩やかな傾斜
（出典）福川・青山(1999)

る庭に、日照・通風などの環境条件を大きく依存している。

　川越の町家は、これら店棟、住居棟、庭がそれぞれ道からほぼ4間ずつの奥行をもって並ぶ。この結果、店棟は街路沿いに並び、にぎわいのある街路空間と静かな住居空間を隔てる壁となる。住居棟は、ちょうど団地の南面平行配置と同じ原理で並び、お互いに南からの採光を可能とする。庭も敷地をこえて連続し、いわばグリーンベルトを形成する。住居棟は、このグリーンベルトを介して、隣の敷地ごしの日光を安定的に受けることができるのである。

　以上を、町家の間取りと組み合わせてみよう。町家の間取りは、通り側から、店の間、中の間、奥の間と3つの部屋が連なり、中庭へ至るのが原則である。中の間は居間、奥の間は、大切なお客さんを迎える最も格式の高い座敷で、夜間は主人夫婦の寝室になる。これを、プライバシー（私）とパブリック（公）の度合という点から見ると、店がパブリックな性格が強い部屋、中の間が家族が集う、家族のなかではパブリックな部屋、奥の間がプライベートな性格の強い部屋ということになり、プライバシーとパブリック、つまり公私の度合が連続的に変化している。これを「親密さの傾き(Intimacy Gradient)」という[18]。表通りと中庭を加えてみると、図5-14のようになる。通り→庇下→(格子)→店→(のれん)→中の間→奥の間→(濡れ縁)→中庭と、親密さの傾きが見事に成立している。傾きが大きくなりそうなところには、格子、のれん、濡れ縁などの装置が適宜組み込まれている。

　このように親密さの傾きは徐々に変化していることが重要で、途中に段差があったりすると、とても住みにくいことになる。その典型的な例が、南面平行配置と呼ばれる住宅公団のアパートである。かつて外国の町並み型住居(タウンハウス)で生活し、帰国して公団アパートに住んだ建築家・香山壽夫氏の体験談が分

かりやすいので引用しよう[19]。

……日本に帰ってきて、都内のいわゆる木賃アパートに半年ほど住み、それから公営の団地アパートを4カ所ほど移り住んだ。それはどれも1960年代に数多く建てられた5階建て階段室アクセス型の公団タイプのものであった。

図5-15　通りの背後に生まれるグリーンベルト(京都)。マンションの侵入で壊れつつある
(出典) 福川・青山(1999)

……そして何よりも、その両者において共通の特色は、外部と過度に分離されているということからくる不安とともに、外部からの侵入に常にさらされているといういらだちとを、同時に住む人に与えるということである。

1階の地面近くすむことにはそれなりの特性がある。またテラスや居間の窓から、庭や広場の人と目や言葉を交わすのは悪いことではない。しかしそのためには、それに必要なデザインがなされねばならぬ。ところが、ダイニングキッチンで坐っていると、庭先にまったく不意に人はあらわれるのだ(目の前というよりは、ちょうどひざの前あたりに)、あいさつすべきか、気づかないふりをすべきか、家の中にいる人も外にいる人も、とまどっているうちに、庭先の人は移動して、両者の交渉は絶たれる。何と野蛮で非文化的な人間の関係であろうか。こうした野蛮さは入口のドアにおいて極点に達する。鉄のドアは突然開けられ、突然閉められる。ドアを開けると外部の目は一挙に、家の奥まで貫く。訪問先の家でも、そのことによって電撃のようなショックを受けるのだ。

こうして町並みに成立した組織状態の重要性は、普段はあまり意識されず、それが危機に瀕したときに明らかになる。図5-15は京都をモデルに描いた図である。左に表通りがあり、右へ向かって、主棟、中庭、離れと続き、中心に敷地を越えて中庭がつながり、住戸へ日当りと通風を提供している様子が示されている。しかし、向こうに中庭の連続をさえぎるマンションが出現している。京都ではごく普通に見られる風景となってしまったが、場所によっては、建築基準法上、マ

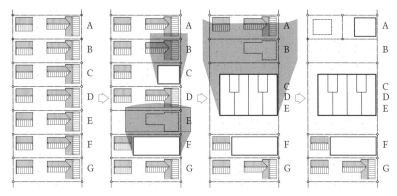

図 5-16　マンションの進出が町並みを崩壊させるプロセス
（原図）環境文化研究所・川越市（1981）

ンションは合法、町家は不法（正確には既存不適格、このまま存続することは OK だが、増築や建て直しのときには法律に従わないとならない）という笑えない事態が起きているのである（このような事態への対応として、京都などで歴史的建築物の保存活用条例の制定が始まっていることは、65 ページで見た）。言うまでもなく、マンションは「タワー型」で、この図が示しているのは、町並み型へのタワー型の殴り込みである。

　タワー型マンションの殴り込みが、町並みを崩壊させるプロセスを川越を例に描いてみた（図 5-16）。①一番左が、店ゾーン、住居ゾーン、中庭ゾーン、離れゾーンが成立しているオリジナルの状態。②ここで C および F のようなルールに合わない 3 階建てが建てられると北側は日当りが悪くなり、E は駐車場に、B も建て替えを考え始める。③E を購入したディベロッパーが DC も買い足して敷地を広げ、より大きなマンションを建設する（図の例は 4 階建て・容積率 160 パーセント）。④マンションの影響は AB まで及び、B は空き地化、A は建て直し、A の奥宅地は空き地となり、隣地に併合される。この最後が、低層と高層、そして駐車場が入り交じる、日本中の多くのまちなかに見られる状態である。変化のきっかけとなった C と F は、1 画地内の建て替えであるが、蟻の一穴のように波及的に変化を引き起こす。

町並み型——5 つのポイント

　ストラスブールからわが国の川越へ、国も時代も異なる都市だが、タワー型とは異なる町並み型に共通するポイントに気づいていただけただろうか。

第1に、通り沿いに建物がつながっているということである。建物がつながって町並みを形成し、囲まれた街路空間をかたちづくり、それを縁どるカフェ、レストラン、店舗などとともに快適な公共空間＝市民生活の場となる。こうして、どの都市にもなくてはならないメインストリートを生み出す。1軒でも空き地になると、この特徴は大きく失われる。第2に、町並みを構成する建物の正面はただの壁ではない。ショウウィンドウはもちろん、庇やオーニング、バルコニー、窓、軒など、建物のなかと通りをつなぐあらゆる工夫が凝らされている。そこに地域固有のデザインが展開され、それぞれのまちの自慢になっている。第3に、まちの拠って立つ自然環境が破壊されることなく、上手に受け継がれている。それらは、道や敷地割のかたち、水路や川の存在、そしてまちを取り囲む山並みへの眺望に反映している。

　第4に、建物相互が日照などの環境を奪い合うのではなく、相互に保障し合う関係を実現している。環境の奪い合いは、今日なお頻発するマンション紛争に典型的に見られる。対して、歴史的なまちでは、主棟が通り沿いに並ぶことで後ろに中庭が生まれ、このような中庭が敷地を越えてつながることで、密集した市街地でも快適な住環境を安定的に確保することができる。さらに、コミュニティとプライバシーの調整が果たされている。

　そして第5に、たぶん最も重要なことは、第1から第4までに指摘したことが、建設年代も建て主も異なる建物で実現していることである。建築家も都市計画家もいなかった時代に、このような町並みができたことである。建物は多様だが、画一的ではない。同じ建物はひとつとしてないが、全体としては調和が保たれ、気持ちのよい繰り返しがリズミカルに続く。私たちはこのような状態を「秩序と多様性の両立」と呼んでいる。

　クリエイティブ・タウンのデザインの目標「高層化・オープンスペースとは異なった方式で、集まって都市をつくることができる建築のあり方を探し出し、都市空間を再構成していくこと」とは、まさにこうして見出されたポイントを実現していくことである。歴史的な都市では自然に起きたことを、現代では、現代の要求に応えつつ、仕組んでいく必要がある。

4　実現の方法

川越の場合――町並み委員会と『町づくり規範』

　個別の建築が集まって、気持ちのよい／美しい全体をつくるのであるから、個別の建築が一定のパタンを踏襲して「都市をつくる建築」としてつくられるようにすればよい。たとえば、川越一番街では、『町づくり規範』を定め、建物を建てたり直したりする計画を町並み委員会で審議する仕組みを構築した。そのシステムがもう30年続いている。

　川越一番街は、国の重要伝統的建造物群保存地区に選定されている歴史的な町並みであるが、450メートルある通り沿いの約90区画の内、歴史的な建物が遺っている区画は半数以下である。古い建物は、修理したり、内部を住みよく改善したり、店舗を改装したりして保存することが原則となるが、それ以外の敷地は新しい建物で、これらの建物を歴史的な町並みと調和するように建て替えたり修景することが課題となる。そのためには、建築のルールをつくるというのが普通のやり方である。

　しかし川越一番街の人びとは「××してはいけない」という禁止事項が列記された「規制」はいやだと考えた。「こうしたらよりよい建築ができ、町並みも豊かになる」という提案型のルールブックはできないかと考えたのである。町並みの魅力は、個別の固有性の発揮が、お互いに活かされ反響し合って、個別では得られない成果(町並み、経済・社会の活性化)が上がっていくことである。そのような成果へつながっていくような、制約ではない、共通の言葉を見つけ出すことが課題となった。そこで、当時出版されたばかりの、クリストファー・アレクサンダーの『パタン・ランゲージ』に倣った建築・まちづくりの原則(パタン)集をつくることにした。『パタン・ランゲージ』は、これまでも何回か登場したアレクサンダーの代表作で、都市や建築をつくるための原則－パタンが、百科事典のように集められた本である。この本に集められたパタンは普遍性の高いものだが、もちろんそれぞれの地域やプロジェクトに合わせて固有のパタンをつくってもよい。そこで、前に触れたような川越のまちと町家の調査から得られたパタンとあわせて、67パタンからなる『町づくり規範』をまとめた[20](図5-17)。

　1987年4月、川越一番街の人びとは、「川越一番街　町づくり規範に関する協

定書」を締結、『町づくり規範』を定めること、一番街で建築するときはこの『町づくり規範』を尊重すること、町並み委員会を設置して一番街で建設される建物などのマネジメントしていくことなどを定めた。以降、町並み委員会は月1回開催され、建築しようとする人はここへ計画案を持ち込み、『町づくり規範』に照らし合わせて意見交換することになった。第1回町並み委員会は1987年10月に開催された。そして、川越一番街のまちづくりを担う中心的な組織となり、30周年をむかえた。以下は、67のパタンのうち、最も肝になる建築に関する9パタンである。

図 5-17　川越一番街『町づくり規範』

41. 建物は一体でなく棟に分けて
42. 高さは周囲を見て決める
47. 中庭を生み出すよう棟を配置
49. 棟（建物）は次々と連結する
50. 4間・4間・4間のルール
53. 屋根のある建築
55. 建物の正面を連続させて街路空間を形づくる
56. 庇下空間を開放し、連続させる
62. 中庭を店づくりにいかす

　このうち、「4間・4間・4間のルール」は、先に触れた川越の町家の分析から見いだされた、細長い敷地を道路側からほぼ4間ずつ、店、住宅、中庭を並べるというパタンである。

　町並み委員会が発足してほぼ10年たった1998年、空き地にマンション建設計画がもちあがった。合法性を主張されると、町並み委員会にこれを阻止する権限はない。川越市が動き、住民の合意を進め、この地区を都市計画に伝統的建造物群保存地区と定め、1999年に国の重要伝統的建造物群保存地区に選定された[21]。このいわゆる重伝建地区になると、歴史的な建物のみならず、新しい建物にも法律上の規制がかかり、保存や修景に補助金が支出されるようになる。これまで住民が自主的に行ってきた町並みのマネジメントは、市役所という公権力

第5章　デザイン

の手でも行われる体制になった。しかし、ここですべてを市役所に委ねるのではなく、町並み委員会は、その後も自律的な町並みマネジメント組織として活性化し、かえって存在感を増している[22]。

より規模の大きなまちの場合

　川越一番街、あるいは長浜は、町家を単位とした町並みを維持・発展していくケースである。より商圏が大きく、町並みの単位となる建物も大きくなる場合はどうなるだろうか。高松丸亀町商店街がその例である。ここでは、A街区の再開発事業の後、B、C街区で、合意の整ったところから共同ビルを建てる小規模連鎖型再開発を開始するにあたり、パタン集であるデザイン・コードをタウンマネジメント・プログラムのなかに定めた。A街区の設計方針を普遍化したもので、表5-1に示す27のパタンからなる。

　これらは、個別の建築が、川越やストラスブールで見いだしたポイントを実現していくパタンである。「20. 結節点のドーム」があるが、ドームのことは前に述べたので、それ以外を説明しよう[23]。

　メインストリートを市民が集う場として回復することが高松のみならず、中心市街地活性化そしてクリエイティブ・タウンの基本目標である。「1. 高松のメインストリート・丸亀町」は、城下町を南北に貫く丸亀町が城下町築城以来のメインストリートであって、これを高松の中心にしていくことが必然かつ必要だということを確認している。なお、この通りは、正確な南北と少しズレているが、実は条里制の田んぼの方位に沿っている。そういう意味では、古代以来の軸ということも指摘している。このメインストリートにアクティビティが集まり、人びとが快適に過ごすことができる場所となるよう、あらゆる手だてがとられなければならない。「9. 賑わいが集まる街路」はその基本方針を宣言する。

　人びとが集まるドームと丸亀町の通り沿いの2〜3階には回廊が巡る（「22. 空中歩廊・町の縁側」）。建物と街路との間に豊かな中間領域が生まれるよう、あらゆる機会を捉えた結果である。回廊は3層のブリッジを介して街路を挟むふたつの棟にまたがる。回廊の柱間に、ベイウィンドウのような籠とともに設けたアルコーブや（「25. アルコーブ」）、広めの回廊に置かれた椅子とテーブルは、人びとの格好の休憩所となるとともに、通りの人と上層階の人がお互いに存在を感じ合う窓が設けられた（「23. 通りと会話する窓」）。

表 5-1　高松丸亀町商店街のデザイン・コード

A. 都市・高松の基本構造を守り強化する：
  1. 高松のメインストリート・丸亀町
B. 中心市街地の賑わいを維持・強化する：
  2. プロムナード、3. 賑わいの結節点
C. 利便を増しかつ環境を守る：
  4. 分散型駐車場
D. 通りの周りに快適な住宅を確保する：
  5. 店舗・コミュニティ・住宅の3層構成
E. 賑わう通りと住宅の間に働く場所や施設を配置する：
  6. 生鮮市場
F. 建物を群として形づくる：
  7. 町並み型、8. 道幅と建物の高さ(D/H)、9. 賑わいが集まる街路、10. ポジティブな外部空間(=中庭型)
G. 建物の位置を決める：
  11. 棟を連結する、12. 外部空間のつらなり
H. 建物の中と外を巴のように同時に形づくる：
  13. 連続する中庭(=街区の中庭)、14. 裏丸亀(裏露地開発)、15. 人と社会を護る屋根、16. 屋上庭園
I. 建物と建物の間の外部空間をより詳細に形づくる：
  17. 視認性(Paths & Goals)、18. アーケード、19. 連続する正面、20. 結節点のドーム
J. 主要構造体に上層階から通りや庭へ降りる小さな構築物を付加：
  21. 外階段
K. 建物の内部と外部を縫い合わせる：
  22. 空中歩廊・町の縁側、23. 通りと会話する窓、24. 通りに開く店舗
L. 小さな部屋やアルコーブを付加して「戸外の部屋」を完成：
  25. アルコーブ
M. 仕上げ：
  26. 建物をいかす看板、27. ギャラリー・ストリート

　通りを囲む低層部は、3階建ての商業床で、8メートルから11メートルへ少し道幅を広げ、道幅と建物の高さの比を、やや囲まれ感が強めの1対1.5に設定した（「8. 道幅と建物の高さ(D/H)」）。ファサードを、様式建築の原則である基部、ボディ、頂部の3層構成になるようしっかりとつくり、街路空間を取り囲み、図としての外部空間をつくりだすことを大原則とした（「19. 連続する正面」）。1階の店舗については、ドーム広場の周りにはアーケードを設けたが、それ以外では店内が街路の延長になるように店舗を通りに直面させ、街路と店舗の関係が切れ

5. 店舗・コミュニティ・住宅の3層構成

24. 通りに開く店舗

16. 屋上庭園

10. ポジティブな外部空間（中庭型）
13. 連続する中庭（街区の中庭）

21. 外階段

9. 賑わいが集まる街路

18. アーケード

23. 通りと会話する窓

25. アルコーブ
22. 空中歩廊・町の縁側

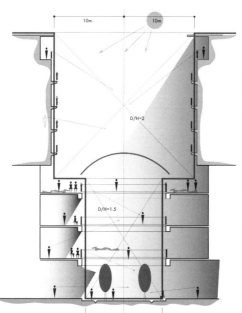
8. 道幅と建物の高さ（D/H）

図 5-18　高松丸亀町商店街のデザイン・コードの実現例

ないように配慮した(「24. 通りに開く店舗」)。ビルのなかに縦動線のためのアトリウムを設けるのではなく、通りそのものをアトリウムと考えるのである。「18. アーケード」は、この街路空間をいっそう一体感のあるものする。なお、住宅となる上層階については、道路中心線から10メートルセットバックし、D/H＝1対1となるよう高さを定めた。街路から上層階の住宅が気になることはほとんどない。4階はコミュニティ関連施設を原則とするが(「5. 店舗・コミュニティ・住宅の3層構成」)、その前面に広がる3階屋上のテラスは、とても気持ちのよいガーデンとなった(「16. 屋上庭園」)。城下町である高松の空間構成を継承しつつ、現代の課題へ応え建物をつくり直していくという観点から、可能な街区では2〜3階に中庭を設ける原則を組み込んでいる(「10. ポジティブな外部空間(＝中庭型)」)。このような中庭と回廊、ブリッジ、階段(エスカレータ)、裏路地などが、街路を軸にネットワークを形成し、周囲にアルコーブを備え、公共空間を拡張し豊かにしていく(「12. 外部空間のつらなり」)。この措置は、もっぱら表通り沿いに限られた商業床の価値を上下・前後に拡大し、床の有効利用を拡大し、事業の遂行上も不可欠である。ただし、あくまでもにぎわいの中心に据えられるのはストリートである(「21. 外階段」)。

地区計画制度を使う

川越一番街の『町づくり規範』も、高松丸亀町商店街のデザイン・コードも、住民の自主的な取り決めとして存在する。このような形式の「ルール」には、法律上の位置づけは与えられないのであろうか。残念ながらというべきか、わが国のまちづくり法の体系のなかには、このような、ポジティブな表記の、そしてデザインの詳細に及ぶルールに法律上のパワーを与える制度は存在しない。しかし、建物の高さ、容積率、壁の位置といった基本的な項目は、それぞれの地区の固有の数値を法律で決めることができる。これを活用する。

いくつかの制度があるが、町並み型にとって有用なのは「地区計画」であり、なかでも「街並み誘導型」と呼ばれるタイプのものである[24]。市街地の土地には、都市計画法によって、用途、建蔽率、容積率などを内容とする用途地域が定められている。地区計画は、それでは大ざっぱすぎるということで、ドイツのBプランをお手本に1980年に導入された[25]。ただしドイツではBプランが決まっていないと建物が建てられないが、日本の地区計画はそのような必修科目とはな

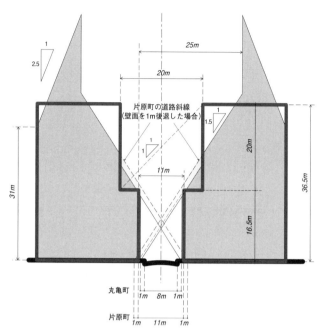

図 5-19　高松丸亀町商店街の街並み誘導型地区計画
（注）グレーの部分が一般規制で建物が建てられる範囲。壁面を 1 m 後退した場合を示す。街並み誘導型地区計画を定め、建物が建てられる範囲を太枠の範囲内に変えた。なお、区域は丸亀町と片原町のふたつの通りに面している（図 6-1）。片原町は道幅が丸亀町より広い（丸亀町 11 m、片原町 12 m）。この場合、①ふたつの道が交わる角から 22 m（片原町の幅員×2）まで、②丸亀町の道路中心線より 10 m 以上奥は、片原町の斜線が適用される。

らかなった。そのため制定当初はあまり普及しなかったが、いわゆる中曽根民活で規制緩和が言われるようになってから、地区計画を条件に用途地域で定められている容積率等を緩和することができる制度が次々とつくられ、身近に使われるものとなった。街並み誘導型地区計画も、そのような経過でつくられたもののひとつだ。

「街並み誘導型地区計画」は、高さと壁面の位置を決めることで、用途地域の斜線制限を廃止できるというものである。容積率も変更できる。高松丸亀町の場合は、パタン「8. 道幅と建物の高さ（D/H）」によって、図 5-19 のように高さと壁面の位置を決め、斜線を撤廃した。ここでは、上にも述べたように、主に商業

施設が入る3階まで(高さ16.5メートルまで)と、主に住宅が入る4〜9階(高さ36.5メートルまで)では、向かい合う正面の間隔が、下では11メートル、上では20メートルになるように変えている。住宅の場合、向かい合う窓と窓の間を20メートル以上離せばお互いに気にならなくなるという経験則に基づいている。さらに、壁面の制限では、公民界から後退した範囲では、「公開された歩行者用昇降施設、歩行者通路用キャノピー、バルコニー、出窓」についてこの限りでない、という但し書きを設けた。ヨーロッパのまちに見られるような、歩道上へ突き出るバルコニーや出窓を実質的にできるようにしている(図5-20)。

図5-20　通りと会話する窓を実現する工夫

(注) 歩道に埋め込まれた黒い破線が公民界。建物本体はここから1.5メートル後退している。ただし地区計画でアルコーブの籠をそこへ突き出すことを可能にした。

　地区計画は、現状においてはクリエイティブ・タウン実現の有力な手段である市街地再開発事業の条件となっている。高度利用地区という制度を使ってもよいのだが、従来の一般的な再開発よりも規模の小さな再開発を連鎖させる「小規模連鎖型」が望ましいので、特定の地区について、そこにふさわしいオーダーメイドの都市計画を定めることを趣旨とする地区計画の活用が適切である。地区計画は、方針を定める「地区整備方針」と、規制の具体的な数値を定める「地区整備計画」の2層からなるが、まずクリエイティブ・タウンの範囲全体に方針を定め、再開発の話が整ったところから「計画」をたてていくという順

表5-2　ふたつの地区計画

	用途	容積率		建蔽率	敷地面積	建築面積	壁面の位置	高さ	工作物の位置	緩和される制限ほか
		最高限度	最低限度	最高限度	最低限度	最低限度		最高限度		
街並み誘導型		○	○		○		○	○	○	前面道路による容積率制限 道路斜線
高度利用型	○	○		○	○		○	○		市街地再開発事業の条件になる

序を踏むことになるだろう。なお、再開発事業の前提としての地区計画は、高度利用地区と同じ内容を定めることとされている。これは高度利用型地区計画と呼ばれ、容積率、建築面積について、その最低限度を定めなければならない。したがって、現在の制度では、地区計画は、街並み誘導型と高度利用型のふたつのタイプの要件を満たす内容を定める必要がある（表5-2）。

　この点について、少し補足説明をして本章を閉じよう。高度利用地区あるいは高度利用型地区計画は、本章の冒頭で俎上に載せた「高層化・オープンスペース方式」を制度化したものである。「街並み誘導型」とは発想も、まちのイメージも真逆である。この両者を混在させることは矛盾としか言いようがない。しかし、「土地の高度利用」を標榜する再開発事業を活用しようとすると、前提条件として登場するのだ。「土地の高度利用」は「高層化・オープンスペース方式」で実現するというのが都市再開発法の根底にある発想である。再開発に限らず、都市計画には「整形」「大規模」「高規格」志向がある[26]。クリエイティブ・タウンが目指す都市像がこれら志向とは反対向きであることは、ここまで述べてきた通りである。再開発に関して言えば、既成市街地に埋め込む「インフィル型」「小規模連鎖」「リノベーション」を志向するのがこれからの再開発の姿だ。もちろん、都市再開発の世界でも従来型との決別を目指す作業は行われている。その詳しい紹介は次章で行おう。実際にも、低容積型の「身の丈型再開発」を支援する措置がとられ、2016年の都市再開発法改正では、歴史的建物を再開発区域内に存置することが可能になるなど、着々と手は打たれている（66ページの図4-5でこの制度を活用して進行中の長浜のプロジェクトを紹介した）。この意味では、現在は過渡期といえよう。高容積化と勘違いされがちな「高度利用」を「土地の合理的利用」に改め、再開発の要件を「高度利用」から「地区計画の実現」へ改めていくことが次の課題である。

クリエイティブ・タウンの実践❹

第6章
スキーム

1　スキーム組み立てのイメージ——高松丸亀町の場合

　これまで見てきたふたつのポイント、❶産業[ライフスタイルをブランド化する]と❷デザイン[コンパクトなまちへ]を、誰がどのように実現するのか。3番目の、そして最後のポイントは、実現のための❸スキームである。スキームとは、事業にどのような体制で取り組むか、土地・建物などの権利をどのように調整するのか、どのような制度に拠るのか、あるいはどのような制度が必要になるのか、事業収支をどのように成り立たせるのか、資金をどのように調達するのかなど、実施の枠組みを組み立てることである。

　まず、高松丸亀町商店街再開発の例でスキーム全体のイメージを把握し、各論へ入っていこう。

　図6-1は、高松丸亀町商店街Ａ街区の再開発後の配置図に土地所有を示す地割図を重ねたものである。土地所有は再開発前後で変更していない。つまり、新しいドーム広場は公有地である道路と私有地の上にまたがっている。街路も、公有地である道路に私有地を提供して道幅を広げている。つまり、丸亀町商店街Ａ街区では、土地所有者たちが土地の所有関係は変えずに、しかし地割線をいったん実質的に帳消しにして（つまり土地を共同で利用することにし）、その上に、デザインの方針に従って、①美しい町並みと豊かな公共空間を生み出し、②上層階の床まで有効に利用できる面積と設備をもち、③都心に定住人口を取り戻す快適な住宅を提供する建築をつくった。この新しい建物は、地権者たちが設立したまちづくり会社が取得した。運営を商店街が丸亀町全体のためにつくったもうひとつのまちづくり会社に委託し、そこから得た利益、すなわちテナントの家賃を地権者

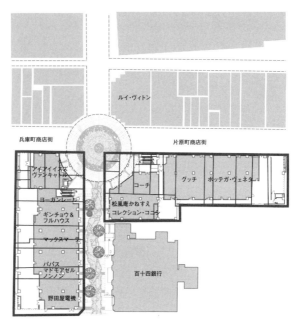

図 6-1　高松丸亀町商店街 A 街区の土地所有と再開発後の建物および広場等

（注）店舗はオープン当時。

へ地代として支払うこととした。地代の目標は、資産価値の数パーセントで、上が建物になった地権者も、上が広場になった地権者も、資産に応じて支払われる。

　このスキームは、基本的には 3 つの要素から成り立っている。

　第 1 は、まちづくり会社を事業の要に置いていることである。丸亀町商店街の場合は、A 街区のまちづくり会社と、商店街全体を守備範囲としたふたつのまちづくり会社がある。前者（高松丸亀町壱番街株式会社）は、地権者をはじめ関係者が設立した会社で、再開発でできた建物を、資金を調達して取得し（正確には保留床を取得し）、運営し、得た利益を地権者へ地代・家賃のかたちで還元する会社である。運営の実際の業務は、後者のまちづくり会社（高松丸亀町まちづくり株式会社）へ委託している。後者のまちづくり会社は、他の街区ではビルを取得・所有しており、それらの商業床と、A 街区の権利床を含めた商業床全体の、施設マネジメント、プロモーション、テナント管理を担う。なお、高松丸亀町商店街には、ほかにもレストランなどの事業を行うまちづくり会社も設置されている。

第2は、市街地再開発事業の活用である。市街地再開発事業は、都市再開発法に基づく事業で、複数の地権者が共同でビルを建てるときに必要になる権利の調整の仕組みを提供する制度である。調査費や工事費等に補助金が支出されるほか、権利の移動に伴って発生する税金が免除される。市街地では土地の高度利用が公共性に適うという観点から用意されている制度である。普通は、六本木ヒルズや東京ミッドタウンに代表される業務街の再開発や、いわゆる駅前再開発で見られるような大きなビルを建てるために活用されるが、これを町並み型へ合うように工夫して活用する。

　第3は、資金調達の方法である。具体的には、まちづくり会社が再開発事業でできた床（保留床）を買うときの資金の調達の方法である。高松丸亀町商店街の場合は、中心市街地活性化法に基づく補助金（戦略補助金と呼ばれる）と政府系金融機関による無利子融資で大部分を調達した。後者は、具体的には中小企業基盤整備機構（旧中小企業総合事業団）の高度化融資で、中心市街地活性化法に基づく事業では、無利子、3年据え置き、20年返済という有利な条件で融資が得られる。資金調達については、このほかに、小口の不動産投資を集める証券化スキームなどを活用している。

　以上3点が、高松丸亀町商店街再開発のスキームの基本要素である。スキームは、それぞれの地区の状況に応じて工夫する必要があるが、高松丸亀町商店街においてはこのスキームがうまく働いた。その理由を説明しておこう。

　次頁の図6-2を見ていただきたい。高松は城下町で、もともとは川越と同じように細長い敷地に町家が並んでいた(a)。城下町としては標準的な街区割で、ひとつの街区の間口は60メートル、そこに10軒ほどの町家が軒を並べていた。敷地の奥行は30メートルで、鰻の寝床型の敷地に、主棟、中庭、離れが配置されていたはずである。

　しかし、第二次世界大戦で空襲に遭い町家は焼けてしまった。戦後は、まず木造2階建ての住居併用店舗を建てまちを再興していった。商店街として抜群の集客を誇った丸亀町商店街では、それらは、昭和30年代から40年代の高度成長期に、3〜数階建てのビルに建て替えられた(b)。ただし地割は変わっていないので、建てられたのは薄べったいせんべいビルである。このようなビルは、1フロアの面積が狭く、エスカレータはもちろんエレベータの設置も難しく、上層階へは細い階段をのぼるしかない。したがって、店舗として利用できるのはせいぜ

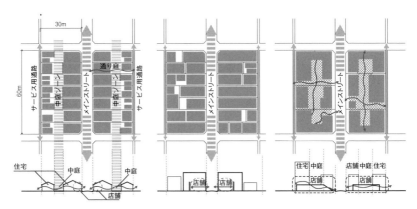

図 6-2 地割と建物(左から(a)城下町時代、(b)再開発前、(c)再開発後)

い2階までで、高くしてもほかの階は倉庫になってしまう。建物の最上階には、店主の住まいが設けられたが、階段をのぼる不便さ、生活用品の店舗の減少などから、ほとんどが郊外へ住居を移してしまった。再開発事業を行った年の調査では、商店街で生活していたのはわずか5家族であった。加えて、ほとんどが1981(昭和56)年の新耐震基準以前の建築で、築50年をむかえて、建て替えが必須となりつつあった。

しかし、個別に建て替えても、構造は安全にできるかもしれないが、ビルとしては以前と同じことで有効に使える建物にはならない。そのまま建て替えても未来はないということになれば、上層階が適切に使える規模にまとまって建て替えるしかない(c)。

「個別建て替えに展望なし」「新耐震基準を満たしていない」「共同でビルを建てる方が合理的」「しかし共同化は不安」。上記スキームは、これら不安を解消する方法として組み立てられたのである。①土地の権利はいじらない、②共同化で利益のあがる建物にする、もちろん安全な構造にする、③共同化することで公的資金を導入、床価格(家賃)を下げてテナントが出店しやすいようにし、ビル経営のリスクを減らす、④共同化で生まれた余裕でたまり場のような公共空間を豊かにする、⑤住宅を設け地権者はもちろん、新しい住民を増やす、⑥みんなでつくったまちづくり会社が運営し、収益を還元する、などがその主な内容であった。これらは、デザインとともに、スキームの工夫で可能になったのである。なお、図の(c)には、こうして共同化したビルの2階に、従来は1階にあった中庭を設

けて快適な空間をつくり、人びとを上層へも誘導しようというデザイン・コードが表現されている。この空間を上手に生かして独自の世界をつくることに成功したのが、ビジネスの章で紹介したまちのシューレ963だ。

2　まちづくり会社

　スキームで最も基本となるのは、まちづくり会社である。これまでも見てきたように、中心市街地の再生では、適切な利用がされなくなった歴史的建物などの資産を活かしたり、土地を共同で合理的に活用したりすることが必要である。それには、個々の地権者の努力では限界があり、まちづくりの意志と哲学をもったディベロッパーの登場が不可欠である。しかし、通常の市場で活動しているディベロッパーに、そのような役割を期待することはむずかしい。都市が成長しており十分な開発利益が想定できる時代には、民間の開発をコントロールして公益性を確保する道もなくはないが、今日のわが国の都市では期待できない。結局のところ、まちづくりのために必要な開発は、コミュニティに根ざしたディベロッパーが取り組むしかなく、つまるところ、その地域の住民や市民が中心的に担う以外にないのである。

　まちづくり会社は、政府の施策としては、商店街活性化策として始まった[27]。流通政策の碩学・石原武政先生の『口辞苑』を繙いてみよう。次のように解説されている。なお通商産業省(当時)の制度では「街づくり会社」と表記される。

> 地域商業集積促進事業として平成元年度に制度化され、平成2年3月、新潟県中里村で第1号の街づくり会社(パートⅢ)が立ち上げられた。地元の中小小売商と自治体が共同出資して公益法人又は会社をつくり、それに対して中小企業高度化融資を行い、地域商業の再生を図ろうとした。後のタウンマネジメント機関(TMO)の原型とも言える。

　この制度がつくられるまでは、商店街への公的支援策は商店街組合を対象に行われていた。アーケード、カラー舗装、統一看板は、商店街近代化の3点セットであるが、そのような事業は、商店街組合によって行われ、補助金や融資の対象は商店街組合に限定されていた。しかし、いよいよ商店街の衰退が明らかにな

ってきたとき、意欲のある組合員も、店じまいを考えている組合員も同じ一票を
もつ組合組織では、積極的な事業に取り組む意思決定が困難になった。また、ア
ーケード、カラー舗装、統一看板以外にも、創意工夫に富んだ事業が必要になり、
それには組合という組織形態が適切でないことなどから、意欲をもった集団を支
援する道を拓いたのであった[28]。そして現在は、中心市街地活性化法の支援を
得るために、まちづくり会社を中心に据えた中心市街地活性化協議会を構成する
ことが要件となっている。今やまちづくり会社は、まちづくりの主役へ躍り出た。
上記の引用にあるように当初は、第三セクターであることが要件となっていたが、
今ではその枠も外されている。

　ところで『口辞苑』は、商業・流通政策の用語辞典であるが、ひとつの用語に
ふたつの解説がつくユニークな辞典である。まちづくり会社のふたつ目の解説は
次の通りだ。

> 　もともとの発想は、埼玉県川越市の川越一番街商店街での実験にはじまる
> とされる。空き店舗になっても、家主が店舗を賃貸しようとしない。その理
> 由を問いただすと、当時の借地借家法の下では「貸してしまえばとられたも
> 同然」というほど、賃借人の権利が保護されていた事に由来することがわか
> った。要するに、民民の契約に対する不安が強く存在したわけで、行政や商
> 工会議所のような公的機関が中に介在すれば賃貸に応じてもいいという家主
> は結構あったという。そこから不動産の運用を図りながら町を動かすという
> アイデアが生まれ、それが国の政策に取り込まれた。ちょうど地域商業に注
> 目が集まった時期で絶好のタイミングであった……

そう、まちづくり会社は、これまでもとりあげてきた川越一番街のまちづくり
のなかで発想された。まちづくり会社の意味・役割を分かっていただくために、
どのような経過でまちづくり会社が発想されたのかを紹介しておこう。

蔵造りの町並みで発想されたまちづくり会社
　川越一番街でまちづくりの動きが本格化するのは、1983年の「川越蔵の会」
発足からである。「蔵の会」は、外野からさんざん蔵の町並みを活かして商店街
を活性化してはどうかと囃し立てられ、うんざりしていた住民たちが初めて集ま

ってつくった、まちづくりのための組織である。黒子として動いたのは、大学紛争で不完全燃焼のまま市役所に就職した当時の若手職員であった。「蔵の会」は、3つのスローガンを掲げた。

1. 住民が主体となったまちづくり
2. 北部商店街の活性化による景観保存
3. まち並保存のための財団形成(ママ)

ここで、2番目の「活性化による景観保存」は、外部の人たちから「町並み保存をすれば商売がうまくいく」と言われてきたことへのアンチテーゼである。「商業がうまくいくからこそ、伝統的な建物を維持することができる」という地元の人びとの反発、あるいは気概が表明されている。3番目の「財団形成」は、所有して保存するという、当時日本中の自然・歴史環境運動を席巻したナショナル・トラスト運動を目指したものである[29]。この考え方が後に「まちづくり会社」の発想へと展開する。

「蔵の会」の活動が始まり、文化財保護制度よりも、国の商店街支援事業を活用してまちづくりを進めようというところまで合意が進んだ。そして、中小企業庁が所管する「コミュニティマート構想モデル事業」が選択された。

この制度は、大型店や都市構造の変化によって衰退しつつある旧来の商店街を「コミュニティマート」＝「暮らしの広場」として整備することによって再生することを狙いとしたものである。商店街組合自体が直接補助金を受けてみずから主体的に調査を進め、調査がまとまれば、小売商業近代化事業の支援を受ける道が開かれる。そうなれば、低利融資で店舗を改装したり、無利子融資で街路のモール化やポケットパーク、核となる施設の建設をすることができるようになる、という内容であった。今から思えば、その後展開する中心市街地活性化政策の第1弾であった。「商店街を暮らしの広場へ」というコンセプトは、今も目指すべき目標で決して悪くない。ただ、実施の部分で従来の小売商業近代化事業を援用している点が、古めかしいというか急ごしらえというか、施策の展開という点で不十分であった。

川越一番街商業協同組合でも、1985年度いっぱいをかけて計画案を練り、①各店舗の改装を進めるための基準、それに基づいた改修計画案、②街路のモール化やポケットパークなどの全体共同施設計画、③核となる施設としてお祭り会館の計画、という、商店街近代化計画のいわば定番メニューを組み立てた。しかし、

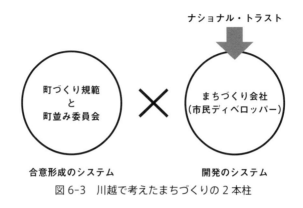

図6-3　川越で考えたまちづくりの2本柱

むしろまちづくりには次の2つの柱(図6-3)が必要であるという結論が重要であった。

　①町並み委員会と町づくり規範(合意形成のシステム)
　②まちづくり会社(コミュニティに根ざした開発のシステム)

　まず、どんなまちをつくっていくかをみんなで合意し、その通りにまちが変わっていくようにマネジメントする。それだけでは、思うようにまちは変わっていかないから、合意したまちづくりプロジェクトを実現するディベロッパーとなる「まちづくり会社」を住民たちの手でおこす、という意味である。

　「まちづくり会社」は蔵の会のスローガンにあった財団(ナショナル・トラスト)を発展させたものである。地価の高い川越で、土地や建物を買い取って保存・活用するということは、スローガンとしてはともかく、ほとんど不可能だ。まちづくりにふさわしいかたちで土地や建物を利用したいというなら、不動産屋の仕事として経済ベースに乗せながらできるのではないか。地元の人びととそんな会話をしながら、まちづくり会社のアイデアが生まれた。

　残念ながら、川越一番街では、町並み委員会が30年近くの実績を重ねてきたのに対し、まちづくり会社構想は実現していない[30]。実験もしていない。だから先の『口辞苑』の説明は実はフライングである。しかし、意図したことは紛れもなくその通りである。改めてまちづくり会社の役割や意味をまとめると、次のようになる。

　合意形成機関である「町並み委員会」に対し、「まちづくり会社」は、町並み委員会の掲げた方針に従って各施設の企画・建設・運営、空き地や空き店舗の活

用、街区内部の再開発を行うディベロッパーである。このようなディベロッパーが必要になるのは、通常の不動産市場に委ねていては、まちづくりに望ましい方向で土地利用が進んでいかないからである。伝統的建物は土地の売却にとっては邪魔物だとしてとり壊される。空き地の土地利用といえば、駐車場か賃貸アパートになってしまう。つまり、一定のまちづくりの意志をもち、具体的に事業を実施していくまちづくりの主体が必要だということである。また、わが国のまちづくりでは、しばしば、土地所有者が不動産関係のトラブルを恐れて、合理的な土地利用を図ることをためらう。この、土地の所有と利用の分離という課題を、まちづくり会社という公的性格を帯びた組織の介在で達成できるのではないか、と考えたのである。あるいは、このような会社に、住民・市民など地元商店街以外からも資金を提供してもらえれば、自分たちの市の象徴である町並みの再生を、市民全体の参加と支援のなかで展開できるということも期待できる。

　川越で模索が続いていたとき[31]）、特段の制度支援もなく、まちづくり会社を実現していたまちがあった。長浜市の株式会社黒壁である。黒壁についてはすでに「3ポイント・アプローチ」の章でやや詳しく紹介したので、ここではこれ以上述べない。

ルーツはイギリスの田園都市運動

　黒壁とともに、海外にもさまざまなかたちでまちづくり会社が展開していた。米国では、古くからCDC（Community Development Corporation）あるいはCBD（Community Based Developer）と呼ばれるNPOディベロッパーが、公的な支援を受け、住宅の供給や荒廃したダウンタウンの再生などに活躍してきた。ルーツをたどれば、100年前の、イギリスにおけるエベネザー・ハワードの田園都市論に行き着く。自然があふれる農村の良さと、活力に満ちた都市の良さをあわせもった新しいコミュニティをつくろうというのが田園都市の構想だが、開発にあたるのは田園都市株式会社である。5パーセントの配当で資金を集め、不況で地価の下がった農村部に土地を求め、都市を建設し運営する。土地や建物は同社の所有で、住民は地代を支払う。田園都市株式会社は、その地代収入から、①土地買収費の利払い、②元金償還のための減債基金を準備し、③通常は自治体がつくる公共施設の建設・管理を行い、④余剰金は住民の福祉向上に使う。なお、開発による地価の増価分（開発利益）は田園都市株式会社へ帰属し、さらなる事業の展開に

回される。田園都市株式会社は企業であるが、半公共的な第3の領域に存する法人とされ、住民の支払う地代は地方税に近い性格を有するとして、固定資産税地代(Rate-rent)と呼んだ。土地・農村問題の根本的原因である土地を投機の対象とする資本主義的な土地の私有観を、「地域社会による共有」という方法で改革しようとしたのである[32]。

ハワードの運動は、アメリカでも実践され、たとえばマンフォードたちが初期に取り組んだニューヨーク郊外のサニーサイド・ガーデンズは、彼らが自ら設立した会社がディベロッパーとなった。これら会社は、投資家へ一定の配当を保障しつつ、上限を設けてコミュニティの維持や新たな田園都市建設へ資金を循環させようとした。その流れは、その後全米各地で展開するNPOディベロッパーへと展開しているのである。

ディベロッパーとしてのまちづくり会社

まちづくり会社は、コミュニティの価値や目標を実現するために、コミュニティの成員によって設立、運営される会社である。コミュニティに必要な事業をビジネスの手法で行う。もっぱら市場原理で動く一般的な企業に期待していては実現が困難、あるいは自治体がやってはうまくいかない事業を担う。特に、合併によって広域化した基礎自治体には、中心市街地に注力するといったメリハリの利いた政策を期待することがほとんど不可能になっている。いや、まちづくり会社を、このような減点法から導き出すのは間違いだ。いきいきとしたコミュニティを維持するために、そのコミュニティ自身が取り組むことは本来の姿だということが出発点にならなければならない。

中心市街地の再生に関しては、プロデュースのシステムの必要性はつとに指摘され、街づくり会社制度(1989年)、旧中心市街地活性化法のTMO(1998年)、新中心市街地活性化法の中心市街地活性化協議会(2006年)などが制度化されてきた。エリア・マネジメント制度もいろいろ検討されている。しかし、それらの成果は十分にあがっているとは言い難い。理由のひとつは、それらがいわば、公共施設の管理やテナントを床に割り当てる従来型の不動産マネジメントにとどまっていたり、イベントの実施がもっぱらの仕事になっていることにある。

しかし、特にわが国の場合、中心市街地衰退の要因として土地問題を無視することができない。土地問題を考えると、必要なプロデュース機能は、ふたつの方

向に深く広がっていかなければならない。①エリアの特性を踏まえつつ、コミュニティやマーケットが必要とする事業を的確に捉え立地させていく、必要に応じて開発（空間の整備）も行う強力なマネジメント機能、②前項で見たような必要な産業を新たに起こし、マネジメントしていく機能。

　理由は次の２点だ。

　第１に、土地を利用する権限をもった土地所有者の行動が、必ずしもまち全体としての合理的な土地利用に結びつかないことである。それでも、かつての人口が増え経済が右肩上がりの状態のもとでは、意欲ある人びとが活動の拠点を中心市街地に求め、新陳代謝が活発であった。しかし、いったん衰退傾向に入ると、土地所有者はみずから土地を利用する以外は、賃貸借トラブルのリスクを恐れ、土地の利用に消極的になっていった。地権者である店主が店を閉めると、そのまま空き店舗になる場合が多い。

　第２に、従来の敷地では、新しい商業に見合う建物を建てることがむずかしいことである。中心市街地の土地は多くの場合、間口が狭い。従って個別にビルを建てるといわゆる間口の狭い「せんべいビル」（「鉛筆ビル」「板チョコビル」「ドミノビル」とも呼ばれる）になりがちである。このような建物では、２階以上が商業床としては有効に使われず、併設された住宅も、郊外へ住宅を求めて使われなくなる傾向が強い。そこで、複数の敷地をあわせて共同ビルを建て、専門大店が上層階の床まで使えるようにしたり、上部にマンションを設けることができるようにしたりすることが必要になる。

　もっとも、後者では常に共同ビルで床を大きくすることが解ではない。共同化が必要かどうかは、あくまでも商圏の大きさに依存する。たとえば、高松丸亀町商店街では、複数の敷地をあわせて共同ビルを建てることが合理的だが、長浜では、町家をそのまま活用していくことが合理的な解となる。長浜では、敷地をあわせて共同ビルを建てる意味はなく、むしろ、壁面線、軒線、屋根、中庭の位置などをお互いに調整して美しい町並みを造り、住環境を守っていく「協調建て替え」が重要になる。

　いずれにせよ、そのまちが置かれた状況やまちづくりの目的を踏まえて、「所有」を尊重しつつ「利用」を共同化していく、個別所有と共有の間に総有ともいうべき新しい土地所有観念を構築することが重要である[33]。

　その上で、もし土地の共同利用や共同建て替えを行うのであれば、都市再開発

法に基づく市街地再開発事業の活用、あるいは任意の再開発と呼ばれる優良建築物等整備事業の活用が、現段階では最も現実的な選択肢となる。

3　再開発制度を新しい考え方で活用

「再開発」と言うと、多くの人びとが思い浮かべるのは、いわゆる駅前再開発か、六本木ヒルズや東京ミッドタウンに代表される、超高層の事務所を中心に、商業、住宅、美術館やホールなどの公共施設、ホテル、シネコン、広場など複合的に組み合わせた巨大な都心の再開発であろう。事実、これらは都市再開発法に基づく市街地再開発事業として行われてきており、都市再開発法のめざましい「成果」として喧伝されている。

これからここで主張するのは、この制度を、最大でもせいぜい高松丸亀町商店街Ａ街区レベルの、町並み型・小規模連鎖型再開発に活用していこうということである。それには、「都市再開発」あるいは「市街地再開発事業」のイメージを改め、同制度を新しい考え方で使いこなしていくことが必要である。

なぜ、この制度にこだわるかというと、①権利の調整の仕組みを提供している、②権利の移動に不可避的に伴う課税をパスできる、③手厚い補助制度がある、という３点が活用できるからである。ほかに、④反対者がいても強制できる（または強制措置があることを背景に同意を迫ることができる）点をメリットにする向きもあるが、このような強制措置はあくまでも最後の手段と考えるべきだろう。ここでは、合意した人びとが、土地の権利をいじらずに共同で建物を建て、豊かな公共空間を生み出す再開発事業を提案する[34]。

そもそも「再開発（redevelopment）」という用語の意味は広い。保存（reservation）、修復（rehabilitation）、更新（renewal）の３つの概念を含むとされ、更地にしてビルをつくり直す「更新」はそれらのひとつに過ぎない。しかし、わが国ではもっぱら更新の意味に使われ、都市再開発法も更新事業を行うための法律として制定された。法律の第１条には「この法律は、市街地の計画的な再開発に関し必要な事項を定めることにより、都市における土地の合理的かつ健全な高度利用と都市機能の更新とを図り、もって公共の福祉に寄与することを目的とする」と書かれている。制定は1969年。開発利益を事業費に当てるという構造上、駅前シリーズと呼ばれる駅前再開発が主となった。「必要な地区」より「可能な地区」

しか対象にならないというのが、市街地再開発事業への批判であった。とは言え、制定後40年を経て、中心市街地の衰退や密集市街地の整備の遅れなどを踏まえ、制度の修正や補助金の充実が図られてきている。それらを使わない手はない。

　まず、都市再開発法に定められた市街地再開発事業の基本を押さえよう。一般的に多く行われているのは土地権利変換方式で、その内容は、以下のようである（図6-5左）。基本構造は、いわゆる不動産の等価交換である。事業は地権者が構成員となる市街地再開発組合が行い、地権者は所有している土地と建物の価値（借地の場合は借地権価格）と等価の床を新しいビルに得る。これを権利床と呼び、このプロセスを権利変換と呼ぶ。事業費（その最大は工事費である）は、この権利床以外の床を売却して調達する。これを保留床と呼ぶ。つまり、保留床の取得者は、権利床分の事業費を負担する。代わりに保留床相当の土地を区分所有上の持分として取得する。保留床取得者は、保留床分のビルを、土地を買ってビルを建てたのと同じになる。以上が等価交換の意味である。

　通常の等価交換と異なるのは、市街地再開発事業は公式の都市計画事業として行われ、「土地の合理的かつ健全な高度利用と都市機能の更新」を条件に、事業費に補助金が支出されることである。また、権利変換のプロセスで起こる権利の移動には税金がかからない。その分、床価格は、普通に土地を購入してビルをつくる場合より、低く抑えられる。補助金の対象となるのは、調査設計計画費、除却費、補償費、工事費であるが、その全部が対象となるのではなく、工事費でいうと、共用部分や駐車場の3分の2（内訳は、国が3分の1、都道府県が6分の1、市が6分の1）が対象となる[35]。

　すぐ分かるように、成否は保留床に買い手がつくかどうかにかかる。かつての駅前シリーズでは、キーテナントと呼ばれる大手流通企業が買い手になるのが普通であった。現在は、床単価が抑えられているとは言え、県庁所在都市でも大手流通企業の進出は難しい。仮にデパートや大型店が出店しても、倒産または退店でドンガラ（中身がなくなり骨組だけになった建物）が残るリスクも大きい。当初、商業床を予定して出発した再開発が、途中で難しくなり、一部を公共施設が肩代わりせざるを得なくなった事例も少なくない。いずれにせよ、キーテナントがいない場合の商業床は、あまり大きくすることができない。一定規模の都市でマンションの需要があるところでは、保留床のかなりを分譲住宅へ振り分けることができるかもしれない。その場合は市場性のある価格が実現できるかどうかがポイン

トである。

　床の処分がそんなに難しいなら、再開発など最初からしなければよいと短絡しないでほしい。たとえば高松クラスの都市のメインストリートの場合、個別の店舗併用住宅だけではその都市の中心に相応しい土地の利用とはならない（土地が有効に利用されているとは言えない）。かといって個別にビルを高くするせんべいビルに未来がないことは前に述べた通り。せんべいビルでは、専門大店の進出は難しく、居住の問題も解決しない。つまり共同化には合理性がある。

　問題は、その都市のポテンシャルに相応しい規模の建物にする必要があり、それが事業として成立するように建築計画と事業計画を組む必要があるということである。

　ところが、市街地再開発事業では、どうしてもビルは大型化しがちである。改めて上の仕組みを思い出していただこう。保留床の価格には土地代が含まれている。土地が高いときには、単位面積あたりの床価格を下げるために床面積を大きくする必要がある。そうすると利用や処分が困難な過剰床をかかえるリスクが高まる。建物が大きくなれば、環境や景観上周辺へ及ぼす影響も大きくなる。

　低地価でも過剰床の問題が避けられない。地価が低ければ床価格は小さくなるが、逆に一定面積の権利床を確保するためにより大きな保留床をつくって処分しなければならなくなるからである。地価が下がっているときは一般に景気が低迷しているから、この場合もやはり利用や処分が困難な過剰床をかかえることになる。また、この仕組み（土地権利交換方式と呼ぼう）では、地権者は自分の資産が、新しいビルの何平米の床に置き換わったかが関心の的となる。地権者の気持ちをつなぎとめるために、この点からも、ビルは大きくなりがちである。

再開発コーディネーター協会の提言

　もちろん、このような市街地再開発事業の問題点は以前から気づかれていた。2003（平成15）年5月に再開発コーディネーター協会がまとめた『新たな再開発のあり方に関する提言』は、まず「これまでの再開発の姿」を以下のように総括する。

- 立地や採算の点で優位な一部の場所で、たとえば0.5 ha程度の事業化が高容積でなされる

- 1箇所の事業が地域のポテンシャルを顕在化、吸収することで周辺地域の事業化が進まない。たとえば、住宅供給可能戸数が区域全体で100戸程度とした場合、最初の事業で使いきってしまう
- 事業の組み立ては、余った床の大規模な処分によってまかなう、土地を含めた売却型
- 大規模な床を必要とするキーテナント等の動向に、事業化や完成後のビル経営が大きく左右される

このようなことになるのは、「これまでの再開発の組立て方」が次のようになっているからだ。

- 余った床を取得・運営する第三者にリスクを転嫁
- 区分所有法に基づく管理が大原則　→用途構成の変更等、将来のリニューアルが行いにくい
- 余った床の価格に土地費を含めて全体の事業資金を回収する発想　→地価が顕在化する

そしてこれまでの再開発＝土地権利変換方式を以上のように総括した上で、「新たな再開発のあり方」を以下のように描きだす（図6-4）。

- 一部の場所で大型の施設をつくって地区のポテンシャルを使い切るのではなく、中心市街地全体で使っていく
- 複数の事業を連続的に実施し、地域のポテンシャルを有効に活用する。たとえば、住宅供給可能戸数が区域全体で100戸程度とした場合、それを複数事業で実現していく
- 建設や経営は、キーテナントや行政に頼るのではなく、従前地権者の共同出資による「まちづくり会社」が行う
- ケアハウス、デイサービスセンター、保育所等比較的小規模な施設や、親世帯・子世帯の隣居・近居に適した住宅などを市街地全体に分散して配置し、賑わいのある中心市街地を再生する。このような高い家賃を負担できない施設が入居可能なスキームとする

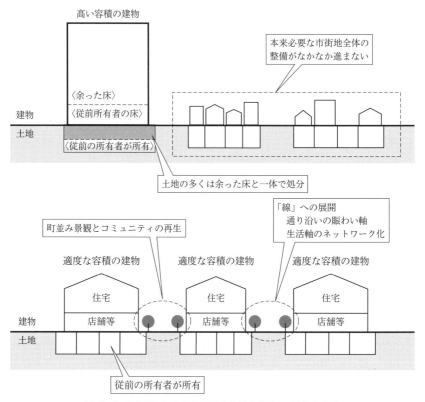

図6-4　再開発の従来の考え方(上)と新しい考え方(下)
(出典) 再開発コーディネーター協会(2003)

このような再開発を実現する「新たな再開発の組立て方」は次のようになる。

- 地権者が共同でリスクをとる発想
- まちづくり会社が一体的に所有するため、その意志決定によるリニューアルが可能
- 建築費のみを回収する経営の発想が大原則　→地価が顕在化しない

高松丸亀町商店街の再開発スキーム

　この提言とほぼ同時に進行していたのが、高松丸亀町商店街A街区の市街地再開発事業である。具体的な手順は以下の通りで、この提言を具体化したものと

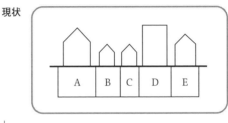

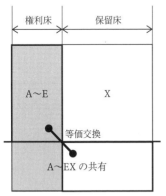

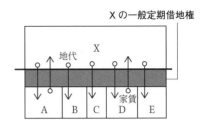

これまでの再開発の組み立て方
・地権者は土地の一部を売却し、その資金を新たな建物に換えるという発想に基づく。
・余った床を外部に処分する、すなわち余った床を取得・運営する第三者へリスクを転嫁する。
・余った床の価格に土地費を含めて全体の事業資金を回収する発想なので、地価が顕在化する。

新たな再開発の組み立て方
・地権者の土地の権利はそのままとする。
・地権者が設立するまちづくり会社が建物を整備し、主として賃貸収入で、資金を回収する。余った床を外部に処分することはしない。
・地権者が共同でリスクをとる発想に立つ
・まちづくり会社が一体的に運営するため、その意思決定によるリニューアルが可能になる。
・建築費のみを回収する発想が大原則であるので、地価が顕在化しない。

図 6-5　これまでの再開発の組み立て方(左)と新たな再開発の組み立て方(右)

なっている(図 6-5)。

- 都市再開発法に則り、再開発組合が市街地再開発事業を行う。事業の基本となる権利変換は、土地から土地への権利変換(従後の土地は分有のまま)
- 従前建物への補償は新しい建物へ権利変換することを原則とする。ただし、権利床は場所を特定せず、共有の持分とする

- 商店街・権利者などが出資し設立したまちづくり会社が、再開発組合から保留床（定期借地権付き）を購入し、権利床を含め施設全体を運営・管理する
- 権利者はまちづくり会社から地代および家賃を受け取る
- 逆に、出店する地権者は、一般のテナントと同様にまちづくり会社から床を借り家賃を支払う。出店する面積にもよるが、家賃と地代はおおむね相殺される。このことにより、地権者は土地権利変換方式の権利床に相当する床を家賃なしで使うことができる。ただし、床の利用にあたってはまちづくり会社のマネジメントに従う

このようなスキームがとられた理由をもう少し説明しておこう。高松丸亀町商店街再開発では、再開発制度の弱点とされている部分を克服しつつまちづくりの目標を達成するため、次の3つの原則を守ることが重要と考えられた。

Ⅰ　できあがった施設と商店街が総合的にマネジメントできるようにする。再開発ビルとともに、商店街全体のマネジメントを可能にする体制と財政基盤を確立する
Ⅱ　事業の安定性を高め、不足業種の導入等のために最大限の努力をはらう。家賃を適切にコントロールし、理想的なテナントミックスを実現する
Ⅲ　商店街・地権者が主体的に事業を行う。商店街・地権者が主体となることによって、商店街の合意形成の難しさを克服し、合理的な事業スキームを組み立てる

Ⅰは、地権者が権利床の利用の自由を主張することで陥りがちな雑居ビル化を避け、施設全体が優れたマネジメントのもとで、適切な売り場を構成、定期的な模様替えを行えるようにするというものである。Ⅱは、家賃を適切にコントロールし、理想的なテナントミックスを実現しようというものである。そのためには家賃に高地価が反映しないようにしなければならない。Ⅲは、商店街・地権者が主体となることによって、商店街の合意形成の難しさを克服し、合理的な事業スキームを組み立てようとするものである。

現実的にも大きな問題であったのは、Ⅱを実現するための、地価を反映させないという要件であった。高松では1992年が地価のピークで、その後も高止まり

していた。事業への地価の影響を小さくするためには、土地所有者が自らの土地の上に建物を建て、自ら経営すればよい。保有税というコストがかかるが、借金して土地を買うコストに比べればはるかに低い。しかし、それを各自の所有地ごとにやるのでは今まで通り非効率なせんべいビルになってしまう。それを克服するためには、複数の土地所有者がかれらの土地に共同でビルを建てることができればよい。こうして、次のような共同建て替えの発想へ至った。「自分たちはすでに土地を所有しているから土地を買う必要はない。ただし建物はそれぞれがせんべいビルを建てるのではなく共同で建てる。その建物の建設資金に公的な支援があれば、市民のための広場や、安い家賃が実現し、不足業種も導入できる。そうすれば必ず成功する」。この考え方は、土地を手放したくないという地権者の共通する気持ちにも添うものであった。

　Iの原則から、できあがったビルを総合的にマネジメントするため、地権者などがまちづくり会社を設立して床を買い取り経営することとした。土地は、この会社が地権者から借地することになるが、地代を適切に設定できれば、土地に関わるコストは低く抑えられる。この会社には、前節で紹介した街づくり会社制度を活用する。すなわち、土地はそのままに(土地から土地へ権利変換し)、その上に補助金や高度化資金の支援を受けられるまちづくり会社が建物を所有し(まちづくり会社が保留床を購入し)、権利床を含めて施設を運営していく。新しい建物で営業を希望する地権者は家賃を支払うことになるが、地代と家賃に見合う面積は権利床のように使用することができる。

　ここでひとつの問題が発生した。借地方式では、借地権の設定にあたって権利金が発生する。権利金は通常、地価の7割に及ぶので、これを実行すれば土地を購入したのと変わらない土地コストが事業に跳ね返ることになる。権利金を低く抑えたり授受しない契約も可能だが、その場合には「相当の地代」と呼ばれる高額の地代(地域によるが通常は基準地価の6パーセント)を設定しないと、譲渡があったと見なされ課税の対象となる。地代を払う方式にしても、高地価のもとでは、軽減されるとはいえ地価の影響を避けられない。さまざまな模索を検討するうち、当時整備されつつあった定期借地権制度の活用が浮上した。この制度を使えば地代が自由に設定できる。さらにこのときの研究で、信託制度を使えばより本質的に問題が解決することが明らかとなった。住民が主体となる開発では、他者に土地利用を委ねる借地権方式より、考え方の上からもその結果としての具体的な仕

組みからも、信託制度がよりふさわしい。しかし先行事例がないこともあり、行政手続きなどがスムースに進むと考えられる借地権方式が選択された。ただし、後で説明するようにまちづくり会社と地権者との契約には、限りなく信託制度に近い考え方が取り込まれた。

　改めて整理すると、商店街が事業主体となることによって、土地のイニシャルコストへの反映を最小限に抑えることができる。地価の顕在化を極力抑えるため事業採算性が良くなり、同じくテナントへの賃貸価格を抑え、不足業種や収益性の低いコミュニティビジネスなどの導入ができるようになる。完成後の総合的なマネジメントが実現し、テナントミックスや適切な管理により、再開発ビルにありがちな雑居ビル化を避けることができる。商売を続けたい人はそれも可能だし、テナントへ貸していた地権者には相応の地代と家賃が支払われる。

　しかしこのスキームの本質は、地権者が、自分たちの出資する会社に資産の運用を委ねている点にある。地権者は土地を所有し、その資産の運用をまちづくり会社に委ねることによって、運用益を地代として得る。この運用益は言い換えれば利回りである。いっぽう、まちづくり会社からみると、権利者へ支払う運用益や地代が、事業におけるランニングコストとなる。まちづくり会社は地権者だけのものではない。多くの場合、商店街振興組合と自治体も株主に加わり、公的資金の支援を受ける社会的使命も負った存在である。権利者は、個人の利益だけでなく、街区全体の利益を、さらに商店街や高松市全体の利益に配慮した行動が望まれる。逆に言えば、全体の利益に配慮することで、個人の利益や資産が守られる。これが原則Ⅲの「商店街・地権者が主体的に事業を行う」の基本的な意味である。

　以上について、高松丸亀町商店街振興組合常務理事・明石光生氏が、雑誌『新都市』2003年1月号に書いた文章があるので一部をひこう[36)]。これは、AG両街区の組合設立が認可された頃に書かれたものである。

　　思えば、商店街で重要なのは、新陳代謝です。何代も続いているお店も、
　　時代に合わせて商売の工夫を重ねてきています。それができないのなら、も
　　っとうまく商売をやる人に土地やお店を使ってもらわないといけない。今、
　　日本の商店街で空き店舗が増えている理由のひとつは、そういうふうに土地
　　やお店がうまく使われていかないからではないかと思います。商売に意欲が

ある人と、資産を守りたい人の利益がうまくあわなくて商店街の活性化が進まないということもあるのではないでしょうか。土地はやっぱり有効に使われてこそ、みんなのためになるし、ほんとうは権利者のためにもなる。だから、丸亀町でも、権利者の人たちにはまちづくり会社に資産を投資してもらうという考え方をとってもらっている。大型店の撤退が続いている今では、もう、みんなでやる事業以外にはほかに有利な投資先はないんです。といってもどれほどのリターンがあるかは重要です。そこで私たちの開発では、投資額を従前資産（土地＋建物）、利回りを年額家賃収入の合計額と考えて、3〜10パーセント程度（平均6パーセント程度）となるように、計画を組んでいます。不動産の時価評価を収益還元型で行う場合の不動産投資に関する還元利回りが4〜7パーセント、不動産の証券化では3〜5パーセントが普通といいますから、その位はリターンが得られるようにしたい。

　実は、このようなリターンを決めるのもみんなでやりました。できるだけ地代が大きいのを望む権利者と、ランニングコストである地代の軽減を図りたいまちづくり会社の事業採算のシミュレーションをみんなの参加するワークショップでやっています。こうすることで、とかくブラックボックスとなっている権利変換のプロセスを単純化してわかりやすくし、事業の透明性を高め、地権者間の不公平感を払拭しようとしてきました。

4　制度のあり方

　高松丸亀町商店街再開発のスキームには普遍性があり、さまざまな地区へ応用していくことが可能である。しかし、当時と現在では制度の変更があり、新たな工夫や制度の模索が必要な部分もある。

　高松丸亀町商店街再開発では、資金調達という点からは、4つの制度に依存していた。市街地再開発事業、中心市街地活性化法に基づく戦略補助金、中小企業基盤整備機構の高度化資金。そして全体の事業費に占める割合は高くはないが、転出者の資産を買い取るためにSPC（特定目的会社）を設立しファンドの組成を行った。このうち、戦略補助金はすでに廃止され中心商店街再興補助金、さらに地域・まちなか商業活性化支援事業費補助金と名前を変えるとともに、使途が限定され、予算額が大幅に減少している。他のふたつの制度は、歴史も長く安定して

いるが、新しい制度は揺れが大きい。

　すなわち、高松丸亀町商店街再開発のスキームの基本骨格は変える必要はないが、特に資金調達について、新たな工夫や新しい制度の模索が必要になるということだ。私たちが取り組んでいるプロジェクトでは、石巻中心市街地の復興再開発が、この問題に直面した。石巻でそれをどう克服したか、克服しようとしているかは第7章で触れるとして、ここでは少し一般的に、制度のあり方を検討しておこう。

官民のベストミックスはどこに？
　先の明石光生丸亀町商店街常務理事の引用にあるように、高松丸亀町商店街再開発では、所有資産に対して6パーセントの利回りが見込まれる。つまり、この再開発は投資対象としても悪くない。それが可能になっているのは、上記補助金や無利子融資によって床価格が抑えられ、テナントが入り、まちづくり会社の収益があがっているおかげである。しかし同時に、補助金もまたリターンを得ていることに注意したい。

　この事業によってもたらされる税収は、年間3.9億円（固定資産税・法人税・所得税・消費税の合計）。再開発前は年間1.1億円と試算されるので、税収増は年間2.8億円。投下された補助金に対する利回りは6パーセントとなる。補助金もまた他の資産とほぼ同じリターンを得ているのだ。補助金を投資と考えれば、それなりに割の合う投資ということになる。言い換えれば、資金の一部を民間から調達する可能性が考えられるということだ。

　それを実現しているのが、4つ目の資金調達、SPCによるファンドの組成である。SPCの名称は「高松丸亀町コミュニティ投資有限会社」。中間法人からの出資、投資家からの匿名組合出資、第二地方銀行からのノンリコースローンを受け資金をつくり、転出者の資産を購入した。匿名組合出資の主役は、民間都市開発推進機構が出資した都市再生ファンド投資法人である。

　わが国では、商店街の再開発資金の出し手を民間から見いだすことは容易ではない。地域の資金の投資を求めたいところだが、そのほとんどは、安全と有利を求めて外部での運用を目指しているのが実情だ。しかし、都市再生ファンドが呼び水となることで、地域の資金を集めることができた。補助金に代わる資金調達では、民間からの資金に期待することになるが、公的資金の先導は不可欠だとい

えよう。公的資金をスターターとして活用し、地域で得た利益が地域に再投資される循環をつくり出すことが戦略となる。

このように、制度設計における基本的課題のひとつは、官民の資金のベストミックスをどのように考え、いかに組み立てるかにある。

どこまでを公共の資金で行い、どこからを民間の資金に委ねるか。改めて整理してみよう。仕分けの基本は、民間事業者が活動できる状況を作り出すまでが公共の役割、その後の開発は民間の役割という分担である。再開発が必要な地区は、純粋な民間事業として開発を行うにはさまざまなハンディキャップがあり、そのハンディキャップを取り除くところは公共の責任で行う。この原則をもとに制度の設計を行う。

アメリカの再開発では、このような考え方が明快に貫かれている。アメリカでは、古い建物を除却し敷地をまとめるところまで公共が行う(ライトダウンという)。その後の開発については、都市開発後の収益や税収を担保に、債権を発行するなどして資金を調達する(TIF：Tax Incremental Fundsと呼ばれる)。後者にも公的な関与があることに注意してほしい。だだし、補助金ではなく税収増というリターンを得ることを期待するファンドだ(ファンドは投資に対するリターン(運用益、利子)を期待する資金。原則として原資の返却を求めない点が融資と異なる。運用益が確保できていれば、転売して原資を確保できる。ただし、地方都市では、ファンドを組成して一定期間後に利益を得るような価格で売却することは難しい。海外の年金基金が運用しているような、低利・長期で資金を提供するファンドが望まれる)。

もちろん、アメリカと日本は違う。われわれが目指しているのは、従来の地権者を一掃するアメリカ型の再開発ではなく、地権者を主体とするコミュニティによる再開発である。都市再開発法も、その前提で組み立てられ、地権者の組合が事業主体となり、権利変換方式で従前地権者の権利を保全するという独特の手法を発展させてきた。にもかかわらず、アメリカ方式は、頭の整理に役立つ。

第1に気づくことは、都市再開発法による市街地再開発事業は、従前の土地利用に伴う権利関係の整理や建物等の除却・補償、必要な場合の都市基盤整備や駐車場等の整備を行うもので、アメリカのライトダウンのプロセスに相当するということだ。市街地再開発事業では、組合がビルをつくって処分するところまで行うので、この構造が見えにくい。

第2に気づくことは、わが国の都市再開発法は、市街地再開発事業でビルを

つくれば買い手がつくという前提で組み立てられていたことだ。高度成長期の当時はともかく、そのような事業モデルがマンション以外で成立するのは大都市の都心部だけという現実のなかで、新たな資金調達の工夫が不可避となった。こうして、高松丸亀町商店街再開発では、中心市街地活性化法の枠組みである戦略補助金と、中小企業基盤整備機構の高度化資金に依ることになった。しかし、高度化資金で調達できない部分について、補助金に頼ることには限界がある。民間の資金を集めようとすると、民間が拠出しうる環境を整える必要がある。呼び水となる官製ファンドの存在は、ひとつの方法となるが、数年で原資の返済が求められるなど出口戦略がなかなか描けない課題がある。

ギャップ・ファンディング

直接的な公的資金投入が不要になるわけではないことを急いで付け加えよう。実は、開発価値（開発コスト）がその都市の不動産価格（エンドバリュー）内におさまる高松は、恵まれた例である。県庁所在都市として経済的なポテンシャルがあるからだ。しかし多くの地方都市中心市街地の状況は厳しく、建物をつくることができたとしても、開発価値が不動産価格を上回ってしまう。その場合には、そのギャップを埋める直接的な公的資金投入が必要になる。このような考え方による公的資金投入をギャップ・ファンディングという。

ギャップ・ファンディングは、イギリスの都市開発において用いられてきた方式である。再開発に要するコスト（適性利潤を含む）が、開発の結果得られる収益から逆算した不動産価格を上回る場合、その差額に公的資金を投入する。通常の方法では不動産投資が行われないような疲弊した、しかしまちづくり上重要な場所で、民間による不動産開発を可能にする措置だ。

そのような都市では開発をしなければよい、と短絡しないでほしい。ここでは、共同でビルをつくる高松丸亀町を事例に説明してきたが、長浜のように町並みを修復しながら再生を図っていく場合も原則は同じである。

小規模連鎖＋ギャップ・ファンディング＝サステイナブル

このギャップ・ファンディングと小規模な再開発の連鎖を組み合わせると、持続的な再生への展望が開ける（図6-6）。再開発コーディネーター協会の提言にあったように、高松丸亀町の再開発がそうであるように、ひとつひとつの再開発の

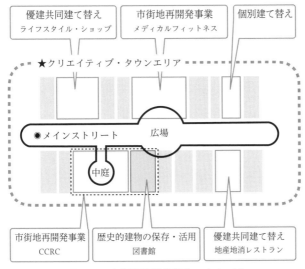

図6-6　小規模連鎖型開発のイメージ

（注）具体的な用途はクリエイティブ・タウンにあってほしい機能を例示したもの。
　　　図中の「優建」は優良建築物等整備事業（任意の再開発）の略。

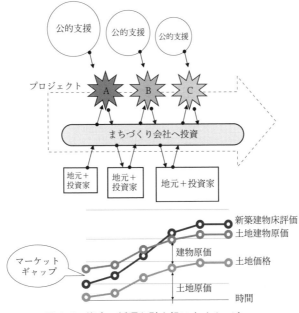

図6-7　資金の循環を引き起こすイメージ

規模を小さくする。そして、開発によって地区のマーケット・バリューを上げ、次の開発ではギャップを縮小し、最終的には不動産価格が開発価値を上回る状態へもち込む。こうして持続的な都市の新陳代謝への展望が開ける(図6-7)。もちろんこの場合の再開発は、修復を含む広い意味の再開発だ。そのためには、エリアを絞り、開発の単位を小規模にし、まちづくり会社によるエリア・マネジメントのもとで、連鎖的に開発を起こす戦略や仕組みの構築が不可欠である。

クリエイティブ・タウンの実践 ❺

第7章
事例研究：
石巻クリエイティブ・タウン

1 目標と方針を考える

石巻のまちなか

　本書の第7章では、3ポイント・アプローチを宮城県石巻市のまちなかに展開しよう。石巻市は、東日本大震災で被災した都市では、仙台市に次ぐ第2の規模をほこる都市である。JRの石巻駅から、立町大通り、アイトピア通り・ことぶき町通りを経て、橋通りから石ノ森萬画館のある旧北上川中瀬へ至る通りがメインストリートで、この地区、およそ20ヘクタールにエネルギーを集中し、クリエイティブ・タウンとして再生していくことを主張したい。

　石巻では、全住家数の約76.6パーセントの5万6687棟が被災し、うち約35パーセントの1万9974棟が全壊するという被害を被った。応急仮設住宅は、プレハブ住宅が7153戸建設され、6年半を経過した2017年10月末現在、入居者は、1354戸、2681人となった。およそ5000戸あったみなし仮設（民間賃貸住宅）には、1112戸、2546人が入居中である。「家がない→仕事がない→石巻を去る」という負の循環は徐々に改善しつつある。しかし、石巻の人口は震災前の16万3200人から14万6500人へ1万6700人減少、今も毎年1000人超の減少が続く。そのなかで、内陸移転が進められた蛇田地区にはこの間およそ5000人の人口増があり、その分他地区の人口減が促進されている。郊外住宅地となった蛇田地区には、家はできたが産業はなく、「家をつくる→仕事が生まれる→石巻へ戻る」という正の循環への逆転につながりにくい。

　石巻は、北上川の河口に立地する交通の要衝で、江戸時代から殷賑をきわめた歴史的な都市である。その様子は、幕末期に描かれた石巻絵図でうかがうことが

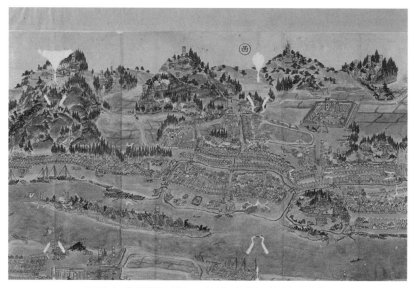

図 7-1　石巻絵図(幕末、部分)。運河で囲まれた中町
(出典)東北大学附属図書館蔵

できる。図 7-1 の絵図は、石巻グランドホテル 2 階の壁面いっぱいに複製されており、石巻へ行けば誰でも見ることができる。絵図には、現在の中央あたり(当時は中町)に妻入りの町家や倉庫がぎっしりと並んでいる様子が描かれている。ホテルのあたりには仙台藩の鋳銭場もあった。明治時代の絵図を見ると、妻入りの町家は、ほかの都市と同様の平入りの町家に変わっていったようであるが[37]、このような歴史的な町家は、商店街の「近代化」で震災前からほとんどが失われ、今回の震災で完全になくなってしまった。しかしその名残は、細長い敷地や路地に見いだすことができる。

　まず確認すべきは、今回の地震と津波で大きな被害を受けたのは、このような歴史的地区ではなく、戦後に拡大した市街地だということである。現在の地形図に浸水区域を書き込み、しかるのちに 1912(大正 1)年の地形図にその浸水区域を重ねてみよう。被災直後の空中写真も添えてみる(図 7-2)。

　破線で囲まれたところが 2005 年の人口集中地区(DID)で、大正時代に比べ市街地が大幅に拡大している。丘陵部を除くそのほとんどが津波の被害を受けたことが空中写真から読み取れる。しかし大正はじめの地図で示される当時からの中

心市街地は、戦後に拡大した地区に比べ被害が小さいことも同時に見て取れる。現在の地図で、町並みが一掃されるような被害を受けたのは、戦後に拡大された市街地である。ほとんどが、標高が低く、水田や河川敷を埋め立て、造成してつくられた土地だ。新市街地では造成後も、低密度・低未利用の状態が続いていた土地が少なくないことも読み取れる。

　明治から現在に至る都市化の経過をもう少し詳しく振り返っておこう(図7-3)。第1章でみた旧来の産業政策・国土計画のもとで、わが国の多くの都市がたどってきた都市化のプロセスが典型的にみてとれる。

　北上川の河口港を中心に発展してきた石巻が、近代的な港湾・工業都市へ大きく変容したのは、1962(昭和37)年の新産業都市建設促進法のもとで進められた地域開発の結果である。新産業都市仙台湾地区の北部の拠点として、石巻湾に面して近代港湾が整備され、周辺に工業用地が整備されて工場が進出した。旧北上川を挟んで反対側(東方)の海岸沿いにも、石巻漁港と水産加工団地や卸売市場が整備された。

　この頃が戦後における石巻の中心市街地の絶頂期であった[38]。各銀行が支店を構え、デパートや大型店ができ、商店街に人があふれた。しかし同時に郊外化が始まる。

　市街地は、旧市街地の北でバイパスが建設された中里地区、仙台へ至る基幹道路沿いで工業団地後背の大街道地区、海に面する南浜(門脇)地区へ拡大、さらに外側の蛇田地区へと展開した。いずれもかつては水田や低湿地だった場所である。1998年、蛇田地区のすぐ外側に三陸自動車道の石巻河南インターチェンジが供用を開始すると、その周辺に続々と大型店が集った。2005年にはイオン石巻東ショッピングセンターがオープン。これが石巻中心市街地へのとどめとなった。

　2008年春には、石巻駅前のさくら野百貨店石巻店が閉店に追い込まれた。同百貨店は、1955年、旧北上川沿いの中央2丁目に開店した丸光石巻店が前身。1996年に駅前に新店舗を建設(開店当初は石巻ビブレ)、ピンクに塗られた立体駐車場付きの7階建ての建物は、石巻中心市街地のシンボル的存在であった。閉店後は、石巻市に寄贈され、世にも珍しい百貨店を転用した市役所となった。このように石巻中心市街地では、震災以前からシャッター通り化が始まっていた。

　そして震災。津波はシャッター通り化の時間を一瞬に縮めた。震災後6年たった本書執筆時点でも、営業を再開した店舗は2割程度にとどまる。

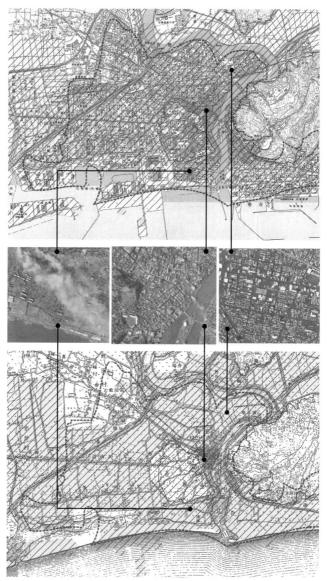

図7-2　石巻の現在（上）と1913（大正1）年の地形図（下）、地区ごとの被害状況
（注）斜線は浸水区域、破線は2005年のDID。
（空中写真の出典）国土地理院、地図・空中写真閲覧サービス
（地図の出典）上：国土地理院2.5万分の1地形図・石巻（2011測）および渡波（2000測）、下：『日本図誌大系　北海道・東北II』p. 312（オリジナルは国土地理院5万分の1地形図・松嶋（1913測）および石巻（1914測）

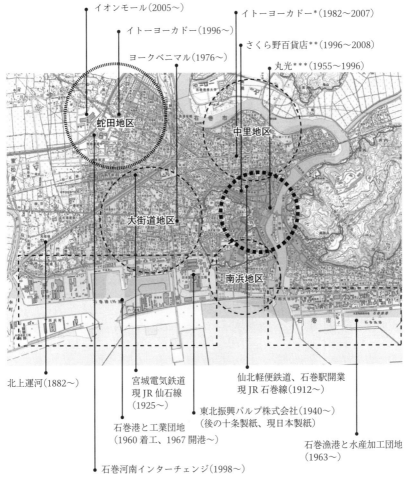

図 7-3　石巻市街地の拡大プロセス

*イトーヨーカドー退店後はヨークベニマルが営業。**開店時は石巻ビブレ、2002 年からさくら野百貨店。***1967 年に橋通りから中央 2 丁目へ移動、閉店時はダックシティ丸光。
（地図の出典）図 7-2 と同じ

しかし、津波の被害自体は、戦後拡大した市街地、特に海に面していて建物が一掃された地区に比べ、昔からのまちの被害は比較的小さく、場所によっては床下浸水にとどまったのである。その点は内陸部の新市街地も同様である。しかし、市街地の浸水区域をかくも大きくしたのは拡大した郊外であることは間違いない。

　これから人口が減る。いや、震災前から人口の減少は始まっていた。国勢調査によれば、石巻市の人口は、1985年の18万6578人がピークで、震災直前の2010年は16万826人、最新の2015年は14万7236人で、2040〜45年には10万人を切ると予測されている。これは1920(大正9)年の人口である。その頃の市街地の大きさは図7-2で見た通りだ。

　中心市街地の人口はさらに減少が著しい。1998年の3980人に対し、2014年には2777人まで減少した。世帯数も1495から1330へ減少した。1886(明治19)年の石巻の人口は1万6618人で、その相当数がまちなかに住んでいたと思われるから、当時の2割以下である。その頃の低い居住水準を今日にあてはめるわけにいかないので、別の計算をしてみよう。中心市街地活性化基本計画における中心市街地の面積は56.4ヘクタールである。このうち、道路やオープンスペースを除き、宅地に使える面積を半分とすると28.2ヘクタール。その半分で再開発に取り組んだだけでも、130戸／ヘクタールとして全部で3000戸、1万人程度が便利で快適な場所にゆったりと住むことができる。

　つまり、石巻の教訓の第1は、さらに市街地を拡大することはもちろん、これまでの拡大した市街地をそのまま維持することに合理性はないということである。

　そして第2は、伝統的な地域開発モデルである産業都市モデルには、工場の存在自体は依然重要であるものの、新しい時代へ向けて、もはや石巻の経済社会を維持・成長させるパワーは期待できないということである。石巻商工会議所の浅野亨会頭は、石巻の復興には、①海岸べりの大規模工場の正常化、②全国一を誇る水産加工団地の再建とともに、③中心市街地の再興が不可欠と繰り返し訴えておられる。正鵠を射た指摘と言えよう。

　そこで、クリエイティブ・タウン・モデルの登場となる。❶一定の安全策をとった上で、以前のまちのかたちへ戻すこと、❷人びとや企業のまちなか移転を促進すること、そして❸まちなかにライフスタイルのブランド化を基軸とした産業を起こすこと、が基本方針となる。

実際の石巻市復興整備計画は、中心市街地と郊外の両睨みだ。目標⑤に「非可住地エリアに居住していた被災者の住環境確保を図るため、被災リスクの低い内陸部へ新市街地を形成する」を掲げ、蛇田地区に合計87.6ヘクタールの土地区画整理事業を進め、1000戸の復興公営住宅を建設する事業が進んでいる。一方、目標③に「旧北上川河口部に位置する中心市街地エリアは、河川堤防と一体となったまちづくりを基本とし、商業機能・住居機能など様々な都市機能を集積させたにぎわいのある新生中心市街地を目指す」を掲げ、中心市街地再生も目指す。

　目標③について。市役所は元百貨店を改装して中心市街地に留まり、隣接して市立病院が建設された（2016年9月オープン）。道路は、旧北上川の橋の付け替え以外に整備予定はなく、区画整理も一部にとどまる。河川堤防は低めの高さ4.5メートルで合意がなり、工事が進んでいる。観光の目玉としてこの堤防と一体の生鮮マーケットが計画され、2017年6月、いしのまき元気いちばとしてオープンした。ただし、行政がイニシアチブをとるのはインフラと公共施設の整備まで。復興公営住宅が計画されているが、基本的には、町並みの再建は市民・住民の手に委ねられている。まさにクリエイティブ・タウン・モデルの出番であり、その力量が試される場でもあるのだ。

これまでの経過と現状

　震災から6年半が経過した。3カ所で市街地再開発事業が完成し、中心市街地のコアとなる場所で7地区の小さな再開発（優良建築物等整備事業）を協調・一体的に進めるための努力が続いている。ほかに、3棟の復興公営住宅が完成し、川べりの生鮮マーケットが着工した。

　私たちは、これらのうち、ふたつの市街地再開発事業と一群の小さな再開発に、最初から関わってきた。3ポイント・アプローチをどのように展開してきたのか、以下詳しく述べる前に、これまでの経過を振り返っておこう。

　石巻では、震災前から、株式会社街づくりまんぼうが活動していた。「石ノ森萬画館」を中核施設に「元気な賑わいのある街づくり」を目指そうと、1998年の最初の中心市街地活性化法のもとでTMO（Town Management Organization）として2001（平成13）年に設立された事業実施型のまちづくり会社だ。石巻中心市街地復興へ、まず中心になったのがこの会社である。

　震災直後の2011年5月、街づくりまんぼう、商工会議所、中心市街地商店主

などが中心となって、まちなか復興会議を始動させた。被災した中心市街地に拠点「石巻まちカフェ」を設け、復興まちづくりに関する意見交換や情報交換、専門家・大学関係者を交えた勉強会を意欲的に開始した。

　こうした動きのなかで、いくつかの街区では独自にまちづくり検討会が設立され、具体的な計画の検討が進められた。2011年12月、これらの個別の検討の連携を図り、中心市街地として総合的に復興まちづくりを推進していくために「コンパクトシティいしのまき・街なか創生協議会」が発足した。同協議会会則は第2条(目的)で次のようにうたう。

　　本会は、石巻市の中心市街地の復興整備について、地権者等関係者及び関係諸団体との協働のもとで総合的に検討し、今後一層深刻化が懸念される人口減少・少子高齢化に対応した持続可能なまちづくりの最先端モデルとなることを目指し、石巻らしい景観・歴史・文化の薫る街づくり・街並みづくりを推進し、地域の発展に寄与することを目的とする。

　役員会には、石巻市、これまで復興まちづくりの検討をサポートしてきた専門家・大学関係者、商工会議所や地元NPO等の代表が入り、具体的な企画を検討していく組織として、街並み部会、事業推進部会、ライフスタイルブランド化部会が設置された。この3つの部会が3ポイント・アプローチと符合することは言うまでもない。そして各部会は、精力的に会合を重ね、成果をあげてきた。

　街並み部会は、東北大学姥浦研究室の支援のもと、まちの全体的なあり方について話し合う場として、広く住民の参加を募りながら街並みづくりの基本的方針や地区計画の方針等を定めるべく、ワークショップを重ねた。まず「街並づくりの基本方針」をまとめ、2012年4月には、より詳細なデザイン・コード案「石巻街並みづくりのみちしるべ」をまとめた[39]。

　ライフスタイルブランド化部会は石巻の暮らし、地産品のなかから「石巻らしさ」について協議、発掘、磨き上げ、「クール」なものとして全国、全世界へ発信していくために、地元の生産業者やデザイナーやクリエイターも参加して検討を開始した。再開発でできる建物を使って、ライフスタイルに関わる店舗や施設を展開することが具体的な目標であった。

　事業推進部会は、具体的に再開発を決意した3カ所(その後中央2丁目を加え4

カ所となる)の地権者とともに、建築の設計、事業計画の検討を開始、できるだけ早い時期に住宅を提供できるよう、精力的に会合を重ねた。

このうち、先頭を切ったのが「中央3丁目1番地区第1種市街地再開発事業」。2014年7月31日に着工し、2015年1月末に77戸の住宅と6つの店舗が完成した。2番手は、震災に耐えた和風住宅と庭を核に据えた「立町2丁目5番地区」。2016年9月に竣工を迎えたが、ここには53戸の住宅(うち21戸は復興公営住宅)とともに、石巻そして東北からいいもの・うまいものを集めたライフスタイル・ショップが入る。ついに、クリエイティブ・タウン・石巻が本格的にスタートした。

3番手は、小さな再開発の集合体である(図7-4「中央2-3、立町1-3ほか優建(計画中)」と記した丸で囲んだ地区)。もともとは、法定の市街地再開発事業を目指す3つの地区があったのだが、さまざまな事情から分解し、あるいはいったん頓挫した後に、優良建築物等整備事業を活用する7カ所の小さな再開発地区が草の根的に浮上した。場所は、石巻中心市街地のコアとなる地区で、商業施設の比重が大きくなる。これら個別の小規模再開発を協調させながら、美しい町並みと快適な都市空間を実現し、事業を成立させることができるか、クリエイティブ・タウン・石巻の次のチャレンジが始まっている。

基本目標と方針

私たちは、これらプロジェクトを、国土交通省土地・建設産業局の「被災市街地等における街なか再生プロジェクトに係る土地利用促進等に関する調査」のなかで、被災地復興のモデルとして取り組んだ(2012年3月にまとめた報告書は土地総合情報ライブラリーからダウンロードできる)。この報告書のなかで、私たちは2つの基本目標と9つの方針を提案した。

基本目標は次の2点である。
1. まちなかへの移転や復帰が、高台移転などとともに、魅力的な選択肢となるようにすること
2. コミュニティに根ざした開発で、すばやく、美しいまちをつくること

これら目標を達成するため、具体的な9つの方針を考えた。

最も基本となるのは、「住民全体で合意が整った地区から順次プロジェクトを実施する(方針2)」だ。大きな災害があると、まずグランドデザインを描き、イ

立町 2-5 市街地再開発(2016.9)
マンション 41 戸＋復興住宅 12 戸
ライフスタイル・ショップ ASATTE ほか

中央 3-1 市街地再開発(2015.12)
石巻テラス 77 戸＋石巻スクエア 8 店舗

立町 2-4 優建(計画中)

中央 2-3、立町 1-3
ほか優建(計画中)

中央 2-7 優建(2015.9)
松川横丁(COMICHI)

中央第一復興住宅 35 戸
(2016.6)

中央第二復興住宅 51 戸
(2015.9)

中央 1 丁目区画整理(2017.3)

中央 1-14、15 市街地再開発
(2016.9)
リバーサイド MOTOMACHI
25 戸＋中央第三復興住宅 54 戸

中央 2 丁目区画整理(2017.6)
かわまち交流拠点(いしのまき元気いちば)

図 7-4　石巻まちなか復興の現在(2018 年 1 月現在)
（注）図中の「優建」は優良建築物等整備事業(任意の再開発)の略。

ンフラを整備し、大規模にまちを作り変えていく、それまで建築を禁止する、といった措置が望ましいと考えられがちだ。しかし、ある程度道路が整備済みの石巻ではその必要はないし、歴史的な都市では道路パタンや地割も重要な遺産だ。これまで繰り返し主張してきたように、既存の文脈にインフィル（挿入）する「都市をつくる建築」でまちを更新していくことこそ、クリエイティブ・タウン・モデルの基本方針となるのである。その実現には「デザインコード等を定め、各プロジェクトが美しい町並み全体をつくり出す（方針4）」が前提になる。方針2には、規模が大きく関係者が多いと合意を形成しにくいという課題の回避も背景にある。もちろん、事業が合理的な効果を生むためには一定の規模が必要である。概ねひとつの街区が開発単位の目安になるが、一般に行政が指導するように、区域の「整形」にこだわる必要はまったくない。

　そして最大の難関は、それらプロジェクトを起こし実現することである。誰が、どのようなプロジェクトを、どのように起こせばよいのか？

　「誰が」について、外からディベロッパーがやってくることはあり得ない。石巻市にもその意思も能力もない。「地権者の出資するまちづくり会社がディベロッパーとなる（方針3）」が唯一の方法である。

　「どのような事業」は、3ポイントのビジネスに関わる部分である。ここでは「住宅、商業施設、事務所など、また、公営住宅や一般住宅などが混じりあった、ミックスト・ユース開発に努める（方針8）」「まちなかに再生された店舗等に、ライフスタイルのブランド化を体現し、推進する商業等施設を整備していく（方針9）」という基本原則を盛り込んだ。

　「どのように」は、3ポイントのスキームに関わる部分である。「地権者が、土地を手放さずにプロジェクトに参加できるようにする（方針1）」は、まちづくり会社が事業主体になる（方針3）と表裏の方針だ。土地を共同で使う場合にはどのまちでも基本に据えられるべき方針だが、石巻について言うと、地価が下落しており、地権者の多くは土地を手放してしまうのではなく、むしろ適切な開発で土地の価値を上げ、かつ一定の利益が末永くに上がっていくことを望んでいるという事情が浮上する。これは、石巻にとどまらず、今後の日本の都市に共通する事情となるだろう。

　エリア全体のマネジメントに関しては、「土地の所有と利用の分離を果たし、まちづくり会社による総合的・合理的な街の運営へ（方針5）」を掲げる。この段

階では、保留床のうち、住宅以外の商業施設等は、地権者の出資するまちづくり会社(まちづくり会社A)が取得、運営を、中心市街地全体をマネジメントするまちづくり会社(まちづくり会社B)へ委ねる体制を想定した。

　ほかに、中心市街地の地権者だけでなく現地再建が困難な地区の人びとが、ローン問題なども解決しつつ、中心市街地の住宅に住んだり、事業にたずさわったりすることができるようにする「現地再建が困難な地区からの移転をスムーズに進めることができるスキームを用意する(方針6)」、3ポイントに従って、ハードの整備が主な段階から、マネジメントが主になる段階へ適切な体制が組めるよう、プロセスをプランニングしていく「プロジェクトの円滑な実現に向けて体制を組み、事業の進捗とともに成長させていく(方針7)」を加え、9つの方針となった。

2　ライフスタイルのブランド化

　　みんなのアイデアが詰まった商店街のイメージができあがりました。ここは石巻の人びとが愛し、誇りにしている品々が集まる宝箱、そして石巻を訪れる人びとがその魅力を発見する場所です。中庭ではお祝いの行事が行われ、郷土料理を囲む人びとの笑顔をお年寄りたちが温かく見守っています。周りの住宅には、仮設住宅から多くの人びとが移り住み、新しいふるさととします。ここを復興の先頭として石巻の商店街が生まれ変わります。

　2013年7月に放映されたNHKの番組「復興サポート　みんなで元気な商店街をつくろう――宮城・石巻」の番組ナビゲータ・迫田朋子さんの締めくくりである。番組では、石巻中心市街地再生のテーマをライフスタイルのブランド化と見定め、参加者とともに、立町2丁目5番地区の再開発で生まれる店舗の計画を、模型を見ながら練った。このプロジェクトの核は、大正5(1916)年に建てられた木造和風建築と土蔵、そして美しい庭で、その周辺に住宅、店舗、高齢者福祉施設が整備される(詳しくは後で紹介する)。

　番組での参加者の発言を紹介しよう。

　「この店を見ながら、何ができるのか、何をすべきなのか考えたときに、タラコのつくりたてって食べたことある人いるかなあ。それだったらうちでもできるなっていうのがありまして」

図 7-5　ライフスタイル・ショップ検討の舞台となった本家秋田屋と店舗の模型
（注）この検討は、その後ライフスタイル・ショップ「ASATTE」として実現した。古い建物は大正 5 年の建築。なお、津波による浸水は床下でとどまった。

「色んなかまぼこがたくさんあったんですね。結婚式は必ず板のかまぼこを引き出物にしていた。必ずそういうモノを、お菓子代わりにケーキ代わりに、味もいろいろあったんです、海老が入ったのとかね」

「笹かまの間に、タラコと大葉を入れて食べたらおいしそうだな」

「食のとても豊かな場所なので、いい素材と器を組み合わせて、器屋として何か提案できることがあればやっていきたい」

「フィッシュ＆チップス。色んな魚があるんで。フライドポテトは子どもたちが好きだし、魚も、そのシーズンごとに揚げ方にしろ、かけるソースにしろ、変えながら、みんなが気軽に食べられるように、色んなお店で出していく。そうすると石巻の名物になっていくかなって」

「漁師小屋みたいな感覚でそこに入っていったら、世界観がバーって両サイドを見ると分かるような、船の種類とか、魚が捕れるシーズンごとの魚種、魚の種類とかが分かる、それが全部分かる仕掛けをダーって、でレストランに入っていったらその魚が実際に食べられる」

「そこに田中さんみたいな人がきて、網の編み方によるインスタレーションなんかがある」

　田中さんは、被災直後に石巻に入り、大漁旗を使ってカラフルなバッグ、帽子、衣服などの製作を続けている。

　石巻港には、日本一と言われる水産加工団地がある。津波で大きな被害を受けたが、たくましく再建が続いている。生産物でも意外に知られていないのがタラコ。明太子と言えば九州が有名だが、原料のかなりは石巻から供給されている。

図7-6 大漁旗でバッグや着物を製作している田中さん

安価な素材をよそに提供するだけでなく、タラコの石巻ブランドを確立することが急務だ。どうしても話が食べ物へ集中するなかで、器に触れているのは、陶磁器店「観慶丸」の若い女性当主富永さん。石巻は江戸時代から有数の交易都市で、経済も豊かであったことから全国の物産が集まった。幕末に創業した観慶丸は、それをリードする商社兼デパートであった。

　話題は必然的に、母屋・土蔵と庭の使い方へ向かう。

「庭園の使い方ですけど、石巻には「おくずかけ」っていう食べ物、汁物がある。お祝いのときに、結婚式だとかお祭りで、人が集まるときに食べる物があるんです。お祝いのときにみなさんにお配りして使ってもらえば、お祝い事で行った場所は思い出にずっとのこるので、自分が同じ経験を子どもにもさせたいというときに、もう一回来てもらえるきっかけにもなる」

「母屋のあたりは、それこそ婚礼とか、そこで写真を撮ったりしてもいい。着物着て写真撮るのにそういった空間をうまく使って雰囲気のあるなかで写真撮ったりとかできたら面白いだろうな」

「今、ブライダルもそうですし、誕生日もそうですし、もしこういう所でできたらすごく幸せではないかと」

「蔵ってギャラリーですか、ギャラリーにしておくのは、ある意味そのまんまな気がしてなんかつまんないかなって」

「日本酒飲むとか、ギャラリーで、それこそ表具を展示して、日本酒バー的な」

「手づくりのものを、食べ物だってなんだって手づくりのものって結構あるじゃないですか。地元のものを発表できる場所が欲しいなって。そういうのでいろいろ発見してもらって、つながっていければいいんじゃないですかね」

　婚礼のことを言っているのは、地権者のひとり後藤さん。ホテルを経営している。土蔵を日本酒バーへと発言しているのは、震災以来ボランティアを続けている大塚さん。手づくりの発言は、表具屋の田中さん。番組では、お父さんが黙々と津波で傷んだ絵の修復をしている。

この店が、まちづくりのなかで果たす役割にも期待が寄せられた。

「うちの豆腐を、つくったものをもっていって、自由に食ってケロと、試食コーナーみたいな感じでね、試食したのはこの店のものだよと。宣伝費に比べれば安いものだよね」

「佐賀県の川島豆腐は、朝ご飯で出してお客さんを広げる試みをしている」

「そう、そういうことをすると、新しい商品につながっていくかもしれないし、かなり魅力的な取り組みになるはずです。われわれは地元で商売しているけれど、存在さえ知らない人が多い、そういう面で、ただパンフとか写真の情報発信だけじゃやっぱ弱いと思うんですよね。モノがないとね。実際に食べるのが良くて、たとえば鰹節が食べられるよと、そこにうちの豆腐もあるよと、豆腐に鰹節をかけると本当おいしいよと、10人のうちひとりでもそう言ってくれると、われわれが発信できない力を、ここで発信できるんではないかと」

「食べ歩きとかあったらいい。それこそ、笹かまとかあるじゃないですか、そういうのをちょっと焼いて、そのまま串に刺して、買えて、まちを食べながら歩けて」

「ご飯を持ったままぐるっと回って戻って来てここで食べる」

「回転寿司の逆で人間が回転しちゃう」

「牡鹿半島とかすごく多くの魚が捕れるんですけど、浜とまちを結ぶ拠点にならないのかな」

「商店街の色んな情報がここにある。ほかのお店の情報もあるし、浜の情報もある。ホームページにポータルサイトってあるじゃないですか。グーグルとかエキサイトとか、そこから行きたいホームページを探すやつ。このお店も、石巻や三陸・東北へのポータルサイトになるといい」

石巻では、どうしても食べ物のことに話が集中する。しかし、カンヌの見本市MAPIC出展の準備を通して、豊かな生活文化の存在は確認している。ポイントは次の4点。高松丸亀町まちのシューレ963のマネージャ・水谷未起さんがまとめた。

①石巻、宮城の生活文化を発信する

仙台との距離感を踏まえ、差別化。石巻〜宮城沿岸部の豊かな食がキーコンテンツ。とれたて、つくりたての海産物を味わってもらう。

第7章　事例研究：石巻クリエイティブ・タウン

②東北広域のよきクラフトを集積する

　東北広域に点在する手仕事、クラフト、民芸は数が多くエリアも広いため、いいものを1カ所に集めることによって広域からの集客を目指す。一定のフィルターを通して集めた東北のいいもの。宮城県内の作り手を中心に、地域に根ざした手仕事を探し出す。籠、漆器、布、木工、民芸など風土や地域性から必然的につくり続けられたものと、東北で活動するクラフト分野の若手の作家を糾合。

③地域の素材を生かした、新しい商品の開発

　今の暮らしのなかで、使い手に必要とされるには、生活者の目線が必要。「作り手」と「使い手」を結ぶ「売り手」が商品開発に加わることで、生活者のニーズにより近づいていく。

④より広く、根っこを伝えるためのイベントの実施

　実際に味わってもらい、触れてもらう機会をつくる。よりよく知ってもらうイベントを開催していく。たとえば、地元の素材を使った浜のお母さんのお料理教室、作家から直接話が聞ける手仕事の体験ワークショップ、地元の食材を使った、プロの料理人によるお料理会。

　立町2丁目5番地区再開発事業は2016年10月に竣工、「きょう、あす、あさって　日々の暮らしを　おいしく、豊かに、心地よく」をテーマに、店名を「ASATTE（あさって）」と定め、11月25日、食品部門（石巻うまいものマルシェと日髙見レストラン）がオープン、続いてクラフト部門も翌年2月にオープンした（図7-7）。2017年夏、震災から6周年を記念し、雄勝地域を含む石巻全域で約1カ月半にわたって行われた「リボーンアート・フェスティバル2017」では、古い住宅と庭園を会場に、韓国とアメリカのアーティスト、クー・ジュンガとバリー・マッギーの作品が展示された。今後、これら歴史的遺産ともコラボしてさまざまな企画が展開される予定だ。

　ライフスタイルのブランド化のもうひとつの柱、地域のライフスタイルを守り・育む、健康ビレッジのプロジェクトも進んでいる。場所は、ことぶき町通り。「これまでの経過と現状」で3番手と呼んだ地区だ（151ページ）。メインストリートのアイトピア通りと平行する幅7メートルほどの商店街だが、歩道やストリートファニチャが整備された瀟洒な雰囲気の通りである。バービルが並ぶ歓楽街の入り口にもあたり、メインストリートとのバッファという役割ももっている。

図7-7　オープン直後、人びとでにぎわうASATTE（2016年11月25日）

中瀬からの橋通りがT字型に交差し、都市デザイン上も要となる場所である。その性格から、先行する住宅を中心とする再開発とは異なる、中心市街地の新しい役割を見据えたテーマが模索された。

　ここでも住民は、震災直後から復興再開発に取り組んできた。当初は大きな敷地を確保し大規模な建物を建てる案も検討されたが、参加を取りやめる地権者もあらわれ行き詰まり、いったん中断したのち、草の根的に計7カ所の小さな再開発がもち上がった。これらを調和的に、相乗的な効果が生まれるよう導いていくコンセプトとして、健康ビレッジの展開が考案された。

　診療所と健康寿命増進施設（低温サウナと運動スタジオ）を核に、ホールを中心に飲食店などを集めるアミューズメントゾーン、CCRCなどとも呼ばれるサービス付き高齢者住宅（賃貸）を3本柱として構成、市民が集まり、くつろぎ、食事をし、時間を過ごして楽しめる場所を再生する。ホールには、160年の歴史を誇りながら津波で流された岡田座を復活する願いもこめられている。この健康ビレッジを核に、周辺にホテル、ミニスーパーなどを整備、石巻まちなかの中核を再生していく。

3 デザイン
——歴史的な都市構造を踏まえ、ひとつひとつの敷地単位が町並みをつくる

建築の考え方

　石巻のまちなかの建築に求められる条件（デザイン・コード）とは何であろうか。地権者、商業者などとワークショップを行いながら探った。

　まず、求められるのは安全である。石巻のまちなかは中央と立町からなる。このうち中央は「東日本大震災により甚大な被害を受けた市街地における建築制限の特例に関する法律」により建築物の建築を制限する区域となり、9月12日からは、被災市街地復興特別措置法による復興推進地域となった。ごく一部で区画整理事業が行われることになったが、建築制限は解かれた。立町はこれら区域または地域には含まれていない。いずれにせよ、地上に住宅を建設することが制限されているわけではない。しかし、中央には津波で自動車、船その他が押し流されてきて建物の1階にぶつかり被害を被った。立町では、住宅の場合は床下浸水ですんだ場合もあるが、通りや店舗はヘドロで覆われた。かさ上げした堤防が建設中だが、地上階に住むのには大きな抵抗がある（図7-8）。

　店舗等は従来通り、通りに沿って地上階に設け、町並みをつくり、住宅は浸水の被害を避けることのできる2階以上が原則となるだろう。2階の商業施設を回廊がめぐるイギリス・チェスターのロウズなど興味深い先例もあるが、石巻には2階を全面的に商業施設等にするポテンシャルはない。

　2階を主要な生活の舞台とする以上、住宅に住む人びとの日常生活の場となる通路、小さな遊び場や広場を2階に設け、そこをコミュニティのメインフロア＝公共空間としていくことが望ましいであろう。このような空間は、適切に避難路を設けることで、いざというときの避難場所になるし、地上階を駐車場に利用することができる。まちなかはすでに駐車場だらけであるが、それでも足りないと言われている。

　問題は、このような2階のフロアのつくり方である。わが国では、先駆例として四国香川県の坂出人工土地が知られる。坂出人工土地は、坂出市の中心部にあった主に塩田従業者が住んでいた木造密集市街地の改良と、その周辺にある商店街の環境整備を目的とした再開発の中で実施された。1.2ヘクタールの土地に、

地上6〜9メートルの人工地盤を造成、その上に100戸のアパート（公営住宅）を建設した。800人収容の市民ホールとオフィスを併設し、1968年に1期工事が完成した。1階を店舗としたオフィス棟は、人工地盤上ではなく、メインストリート沿いに設けられている。高度成長をむかえた日本の都市のあり方を示すひとつのモデルとして、日本の代表的な建築家でメタボリズム運動の旗手のひとり、大高正人の提案と設計で建設された。残念ながら、現在これをモデルにした復興を支持する人は少ない。空間構成上の問題というよりも、いかにも「人工土地」を強調したデザインであることから、低層の町並みの周囲と隔絶された空間が生まれたためである。

図7-8 商店街は避難のために、今も2階を開放している（石巻・アイトピア商店街）

　石巻のまちなかで目指す空間構成も、基本的には坂出人工土地と同じである。しかし、人工の土地の上に住宅が建っているように見せるのではなく、建物の2階（住宅から見れば1階）が自然につながってフロアを構成していくようにデザインすべきだろう。通りからの景観も、いかにも人工土地がありますというデザインではなく、ふつうに5〜6階建ての建物が並び、町並みをつくるようにすべきだろう。高松丸亀町参番街では、2階に中庭をつくっており、この中庭は、2階の店舗の魅力を高め、お客を呼び込むことに成功している。

美しいスカイライン

　もうひとつの論点は、建物の高さで構成されるスカイラインである。第5章で検討した、高層（超高層）か中低層か、タワーズ・イン・スペース型か町並み型かという問題である。この論点はもう繰り返す必要はないだろう。中低層の集合住宅は、町並みをつくり、外部空間を囲み、人びとのコミュニケーションの場となる街路や広場などの豊かな公共空間を生み出すのに適している。地権者とのワークショップでも、石巻の人びとは低層を好み、4〜5階程度の集合住宅に住みたいとの意見が大勢を占めた。しかし、石巻でも、ディベロッパーが登場するたびに、タワーズ・イン・スペース型マンションが提案される。実は、災害復興住

宅がまさにこのタイプである。

　また石巻では、旧北上川の中瀬から見た、日和山を背景にした町並みが、代表的な景観とされている。日和山の稜線を隠すような建物は避けるべきであるというのがワークショップ参加者の意見であった。

歴史的な空間構成を踏まえること

　以上2点を前提に、その都市の歴史的な空間構成を受け継ぎ、さらに豊かにしていく計画・デザインが第3の方針となる。クリエイティブ・タウンの原則として、すでに第5章で述べたところだが、石巻に即して、改めてまとめておこう。

　第1は、記憶の問題である。第二次大戦後のワルシャワの再建で知られるように、町並みはその社会のアイデンティティを記すものとしてきわめて重要である。石巻の場合は、歴史的な建物の多くはすでに震災前に失われており、ワルシャワのような再建は不可能であるし、意味がない。しかし、通り、町割、地割、神社など土地に刻みつけられた記憶、そして数は少ないが歴史的な建物もそのまま残っている。歴史的とは言えないかもしれないが元銀行の建物など、人びとの記憶に残ってきた建物も大切にしたい。特にまちなかをめぐる路地は、大きな特徴となっている。これらを最大限保存していく必要がある。社会のアイデンティティとなるものの保存の必要性は、大規模な災害の後だけに、さらに大きいと言えよう。

　第2に、「第5章　デザイン」で見たように、町家によって組み立てられていた歴史的な空間構成が、現代の都市計画や建築デザインから見ても優れているからである。石巻は歴史的な都市である。石巻に歴史的な町家は震災前から失われているが、かつての様子は、幕末期に書かれたと思われる石巻絵図などでうかがうことができることはすでに述べた通りだ。

合理的な土地利用を促進する建築のシステム

　この歴史的な「建築が都市をつくるシステム」、すなわち現代版町家こそ、今回の復興で必要とされている。なぜなら、方針2で確認したように「住民全体で合意が整った地区から順次プロジェクトを実施する」ことが必要だからである。しかも、このような方針は、「しっかりした青写真通りに町を再建することが困

難だから、やむをえず選択された」のではなく、「町をつくるとは、本来、個（建築）から全体（都市）を造ることである」からである。どの街区や敷地から始まってもそれ自体が自立していて、それらが徐々に展開していった場合も全体としての町並みをかたちづくる、というような建築の計画・デザインこそが今回の課題なのである。

デザイン・コード

以上の条件を建築のパタンに展開してデザイン・コードをつくろう（表7-1）。まず、建築が街路を囲み、快適な公共空間をつくり出し、にぎわいのあるプロムナードをかたちづくることが基本だ（❶プロムナード（両側町））。それには、敷地の通りに面した部分に町並みをつくる主棟を設け、建物の正面を連続させ、町並みをつくり、通りを囲む。セットバックはしない（❿連続する正面）。その主棟の高さと道幅の比が重要である（❽道幅と建物の高さの比）。これは、ローマ時代以来の最も基本的な、街路空間ににぎわいをつくり出すと同時に、その環境を守る基礎的建築ルールであることはすでに述べた通り。1対1が基本。狭い路地では1対2まで許容される。

建物の高さについては別の観点も必要だ。住宅は、まちのコミュニケーションの場となる地面（あるいは住宅部分のメインフロアとなる2階）へすぐ出て行ける高さにあるべきだ。エレベータを使わなくとも上り下りが可能な高さとすることが、閉じこもりを防ぎ、近隣のコミュニケーションを活発にするために不可欠だからだ（❷最高5階）。

敷地単位は、町家にならい、細長い敷地ごとに自立でき、かつ隣と接続できる単位を構成する（❸鰻の寝床）。敷地いっぱいの一体的な建築は避ける。ひとつの開発でも、機能や位置（通り沿いか、街区のなかか、裏通り沿いかなど）に合わせて、できるかぎり複数の棟から全体を構成するようにする（❼分棟型（町並み型））。

建物は敷地の縁に寄せて、使える・快適な外部空間をつくる。建物は中庭を囲むように配置、あるいは建物自体が中庭型になる（❾ポジティブな外部空間）。「❼分棟型」が原則だが、各棟は孤立させずにつなげる。そうすれば外部空間が囲まれ、中庭ができ、空間が生きてくる（⓫連なる棟）。

街区内部、住居部分では2階を、住民たちのメインフロア、コミュニティの場とする（❹2階のメインフロア）。このフロアは、津波時の避難階となる。階下は

表7-1 石巻クリエイティブ・タウン
　の基本デザイン・コード
───────────────────────
❶ プロムナード(両側町)
❷ 最高5階
❸ 鰻の寝床
❹ 2階のメインフロア
❺ ロウズ
❻ 多様な住宅
❼ 分棟型(町並み型)
❽ 道幅と建物の高さの比(1:1〜1:2)
❾ ポジティブな外部空間
❿ 連続する正面
⓫ 連なる棟
⓬ 通りへの直通階段
───────────────────────

駐車場とする。この2階のメインフロアは、街区を越えて移動できるよう回廊でつなげたい。回廊沿いには、店舗、事務所、コミュニティ施設等があるといい。イギリス・チェスターのロウズが先例になる(❺ロウズ)。住宅は、通りのにぎわいを感じる住宅から、街区内の静かな住宅まで、ひとびとの嗜好に合わせた多様な住宅を用意する(❻多様な住宅)。

にぎわいが通りに集まるように、建物内の階段は通りに直接出るように心がける。特に2階避難階へは分かりやすい階段を随所に設ける(⓬通りへの直通階段)。

石巻モデル──伝統町家を現代版町家に再編成

以上のパタンを、建築のモデルとして展開する。石巻絵図(幕末)などに描かれた町家と町並みを現代にあわせて再構成していく。図7-9を見てほしい。①は、伝統的な町家の様子を示している。「鰻の寝床」型の細長い敷地に、通り沿いに主棟が置かれ、奥には中庭を間に挟みながら、離れや蔵が並ぶ。手前と奥に通りがあって、ふたつの町家が背中合わせになっている。これを現代版町家へ再編成していく。

まず、表通りに面して主棟を置く(②)。下は店舗、上は住宅。横に並ぶと、通りを囲み、メインストリートの連続した町並みを形成する。表通りに面する建物の高さ(H)は、道幅(D)と同じか1割増し程度にする。

1階の奥は主に駐車場に使う(③)。駐車場が見えなくなるように蓋をする(④)。この蓋が人工地盤となり、津波のときの避難階となり、普段は居住部分のメインフロアとなる。店舗は従来通り、道に面して1階にあり、町並みをつくる。

蓋(居住部メインフロア)の上に住戸を配置する(⑤)。住戸を積み上げるのではなく、戸建て住宅の町並みのように横に並べ(イギリスのテラスハウスのように)、「多様な住宅」が実現するようにしたい。隣同士が接しても日当りや通風を確保しプライバシーが守れるよう住戸を工夫する。このような住戸は、周りに庭が必要な

ふつうの住宅に対して、庭を内蔵した中庭型になる。

以上で基本ユニットは完成。後は敷地に合わせ、この基本ユニットを組み合わせていく。

たとえば、もう少し広い間口が確保される場合、基本ユニットを向かい合わせに組み合わせ、共有の庭を囲み、ひとつの近隣単位を構成する(⑥)。以上の原則をそれぞれの敷地に合わせて展開し、一定距離ごとに通りから人工地盤への直通階段を設ける。

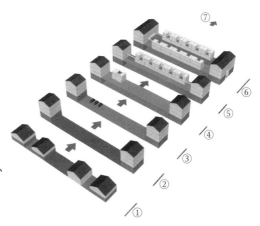

図7-9 石巻モデル・伝統町家を現代版町家に再編成

主棟の裏は数メートル幅の公開の空き地とし、隣のブロックとはこの空き地がつながるようにする(⑦)。

具体的な展開

私たちがたずさわっている再開発のプランは、これを敷地に合わせて展開したものとなっている。竣工にこぎ着けた、あるいは間もなく着工となる3つの事例を簡単に紹介する。なお、ここではデザインについてのみ述べる。誰がどのような仕組みで建て、運用しているかは、スキームに関する次節で改めて触れよう。

■**中央3丁目1番地区プロジェクト**

地権者のリーダーは、ここで駐車場を営んでいた。まちなかにいち早く被災者のための住宅を提供したいという思いから、震災の夏頃から検討を始めていた。街なか再生協議会の発足とともに始まった事業推進部会で本格的な検討を開始、地権者が5人以上なので、権利の調整や支援措置が整い、復興のための特別の措置も講じられている法定再開発を採用する方針を立て、計画を煮詰めていった。

当初は、ここに片廊下型で板状の集合住宅をあてはめる計画が検討されていた。しかし、敷地の形状が南北を宅地や細い路地に接しているため、片廊下型ではか

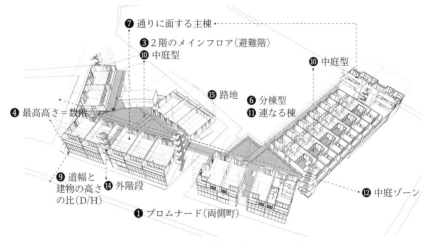

図 7-10　中央 3 丁目 1 番地区プロジェクト(見取り図)

なりの隣棟間隔を取る必要がある一方、戸数を確保するためには高層にせざるを得ない。災害時の避難場所を確保する余地も十分にとれない。

そこで、上記の石巻モデルを適用、採光の取りやすい通り沿いに中層の主棟を置き、街区の内部は 1 階を駐車場にしてその上の 2 階を避難兼居住フロアとして、低層の住宅を配置した。南北 2 ブロックに別れるが、両者の避難フロアはブリッジでつないでいる。住宅は 77 戸で「石巻テラス」として分譲。通り沿い 1 階は店舗でローソン、学習塾そして被災店舗など 7 店舗が入り「石巻スクエア」と呼んでいる。分棟型で各棟を通りや敷地境界線に沿って配置、既存市街地の中にスッポリ納まり、町並みをつくるデザインが最も合理的と地権者が判断された。

なお、本地区は地権者の合意が最も早く進んだ地区であるが、地権者の周囲では、「最初にやるのはリスクが高い」「他の様子を見てからの方がいい」という声が上がっていた。しかし地権者のリーダーは「他地区がいつになるか分からない」「早く被災者のための住宅をつくる必要がある」「何よりここが先行事例として完成すれば、他の地区も進めやすくなるのではないか」という思いで事業実施を決意、検討を開始してから約 3 カ月後の 2012 年 2 月末に再開発準備組合を設立、2012 年 11 月に都市計画決定を得て、2016 年 1 月に竣工した。また、賑わい創出をめざす松川横丁プロジェクトも推進、2015 年 8 月に竣工した。

2階の避難フロア

通い沿いに棟を並べ町並みをつくる

連続する2階の避難フロア

町並みの背後は駐車場

図 7-11　完成した中央 3 丁目 1 番地区

■立町 2 丁目 5 番地区プロジェクト

　先に紹介した NHK の番組の舞台になったプロジェクトである。大正 5（1916）年に建てられた木造和風建築と土蔵、そして美しい庭が現存する敷地を核に隣接する地権者が参加して、住宅、店舗、高齢者福祉施設を整備する。古い建物は、今回の震災にも耐え、浸水も床下にとどまった。これらの建物は修理して整備、店舗の一部として活用していく。

　地権者は、震災前から、この家屋と庭園の南側の表通り沿いに店舗棟、北側に高齢者用の住宅棟、西側に平場の駐車場を配置する整備案を考えていた。分棟で、かつ店舗棟は 1～2 階建てに抑えられていたため、必然的に住宅棟が高層となり、平屋建ての保存家屋と調和しにくい計画となっていた。そこで、石巻モデルを適用した計画へ改め、全体としてバランスのとれた棟配置を実現しようとした。立町通り沿いと北側の新田通り沿いに 4～5 階建ての棟を配置し、街区内部には 2 階の避難兼居住フロアの上に 3 層の住宅を 2 棟配置する。全部で 53 戸の住宅ができるが、うち立町通り沿いの 21 戸は災害復興住宅である。その余は「デュオ

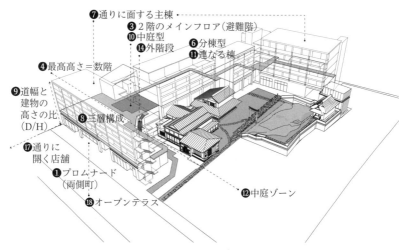

図7-12 立町2丁目5番地区プロジェクト(見取り図)

ヒルズ石巻」として分譲。その1階は、すでに説明した石巻におけるライフスタイルのブランド化を実現する旗艦店「ASATTE」、新田通り沿いの1階はデイケアセンターと昔からのテナントの床屋さん、その他は駐車場に使う。このプロジェクトも、2011年10月頃から検討を開始、2012年2月末には再開発準備組合の設立に至り、2013年3月都市計画決定、2016年10月に竣工した。

■立町2丁目4番地区プロジェクト

　立町2丁目5番地区プロジェクトの道を挟んだ反対側で、お茶屋さんの呼びかけで3軒が共同建て替えを目指すプロジェクト。これまでも見てきた、個別建て替えの限界を超える試みである。石巻モデルを適用し、通り沿いの1階に店舗が並ぶ形態は変えないが、奥に駐車場を設け、2階の避難兼居住フロアで蓋をしてその上に住宅を設ける。1軒で建てるより、廊下や設備が共同化され、日当りや通風もよくなる。2階から上の住宅部分は木造で建てる。

　このプロジェクトは、先のふたつより規模が小さいこともあり、手続きが簡易な優良建築物等整備事業を活用する。2013年11月頃から検討を始めたが、住宅の処分を懸念する市役所がなかなか首を縦に振らず、着工に至らなかったが、住宅を買い取り賃貸経営を行う企業が登場し、ようやく2018年度内に着工できる見通しとなった。

| 町並みをつくる | オープンテラス | 2階の避難フロア |

図7-13　完成した立町2丁目5番地区

　町並みの再生には、この3番目の例のような単位の再開発を積み重ねていくことがより本質的であることは、ここまでお読みいただいた読者にはすぐお分かりいただけるだろう。さまざまな建築家が、デザイン・コードをふまえつつ設計に参加することで、伝統町家が個別の建設で豊かな町並みをつくってきた仕組みを再現できる。この建物も、仙台市の建築家で復興支援に取り組んでいる手島浩之さんと安田直民さんが担当する。

4　スキーム

被災地固有の条件

　見てきたように、石巻中心市街地の場合も、共同で建物を整備することが必要であり、現段階で適切な手法は、市街地再開発事業である。規模によっては、任意の再開発と呼ばれる優良建築物等整備事業が有効となるが、基本は変わらない。
　スキームを検討した第6章では、以下の手順を紹介した。
①再開発組合が定期借地方式でビルを完成させる。
②地権者が設立したまちづくり会社が保留床を取得し、権利床を含め運営する。
　被災した石巻では、この手順が前提とした条件と異なる点があり、工夫が必要となる。
　まず、復興のために特別にとられた措置がある。市街地再開発事業の補助金の

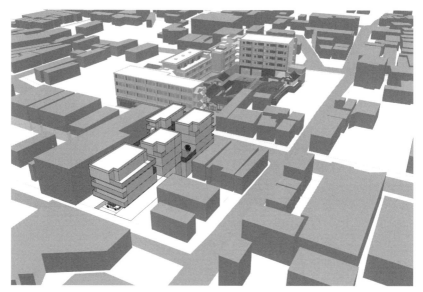

図7-14 立町2丁目4番地区プロジェクト(手前。向かいは立町2丁目5番地区)

割合が通常の3分の2から5分の4に引き上げられ、自治体の負担分(県と市町村が5分の1ずつ)が東日本大震災復興交付金の対象となった。ただし、自治体の負担が従来通りの、身の丈再開発や中心市街地活性化計画を前提として補助率を10分の9まで割り増す制度は実質的に使えないこととなり、補助金を受ける側から見ると補助金の減額となった。

商業施設については、被災地固有の助成制度が設けられた。グループ補助金と津波補助金である。前者は、中小企業等グループ施設等復旧整備補助事業に応募し、認定を受けた事業者のグループに対して交付される補助金[40]、後者は、津波浸水地域において、内閣総理大臣の認定を受けたまちなか再生計画に基づき、まちづくり会社等が行う商業施設等の整備に対する補助金である[41]。

さて、現場に戻ろう。通常との最大の違いは、建物が震災で被害を受け、除却されているケースが多いことである。壊れた建物は公費で解体できる制度があり(公費解体という)、再開発の話がもち上がる前に壊してしまった人が少なくない。市街地再開発事業では、取り壊す従前建物には補償費が支払われ、そこに入る補助金が事業費のなかで無視できない役割を果たしているが、それが期待できなくなるのである。この問題は阪神・淡路大震災のときにも問題になり、一部地区で

は除却された建物への補償が実施されたが、一般解へは至らなかった。石巻でそのような措置をとることに行政当局は否定的で、この点について阪神・淡路大震災の教訓が活かされることはなかった。

違いの第2は、商業施設よりも住宅が中心の再開発になることである。これまでは、まちづくり会社が高度化資金などを得て商業床を取得し、その運用益を地権者へ還元することを想定していたが、そこに多くのリターンを期待することが難しくなった。もっとも地価が下落しており、そもそも多くのリターンは期待できるわけではないことも事実だ。

再開発スキームの模索

結論から言えば、いずれの問題にも特効薬はない。しかし、問題は克服していかなければならない。

第1の問題について、事業性の問題とは別に、壊してしまった人と建物を残した人の不公平を解消するという観点から、定期借地権設定対価(地価の50パーセント程度)を地権者の資産として計上し、建物を壊した人にも権利床を配分するという解決法が地権者からは支持されている。この方法は、店舗からあまり多くの地代が期待できないという、第2の問題への解答ともなる。定期借地権制度では権利金の設定は自由で、高松丸亀町の再開発ではゼロとした。高松の人びとは、地価が高止まりしている状況下、床価格を引き下げ、定期的に地代収入を得る道を選択した。一方、石巻では地価は10万円／坪程度まで下落しており、定期借地権設定対価を床価格に反映しても影響は微弱で、地権者間の不公平を解消する意義が大きいとの判断に至ったのである。

なお、地代の一括前払いという方法も考えられた。その額は定期借地権設定対価と大差ないと想定される。第2の問題への解答としては、こちらの方が率直かもしれないが、権利変換時に資産として計上することが難しく、再開発事業にはなじまないということで採用に至らなかった。

こうして想定されたのが図7-15に示すスキームである[42]。

地権者は、権利床として個々の住宅を得るほか、店舗を共有しまちづくり会社ほかに貸し出して、その家賃を期待する(または自分で店舗を営む)。地権者を中心に設立するまちづくり会社は保留床を取得し、地権者の権利床とともに運営する。まちづくり会社の資金は、グループ補助金、津波補助金、高度化資金などを活用

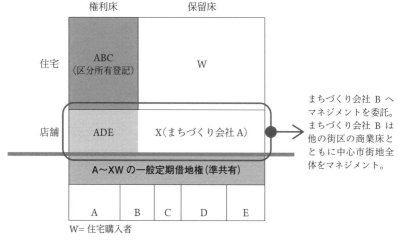

図7-15 石巻まちなか復興再開発で想定したスキーム

する。なお、図には、まちなかの商業床を全体としてマネジメントするまちづくり会社(地権者のまちづくり会社とは別に「まちづくり会社B」と記している)のイメージも書き込まれている。

住宅をいかにつくるか

住宅が中心になる石巻の再開発で、もうひとつの大きな課題は住宅をいかにつくるかであった。

都市開発では、できた床を買い取るディベロッパーが必要になる。地権者や市民が設立したまちづくり会社がそのディベロッパーになるというのが第6章で展開してきたスキームだ。ただし、まちづくり会社が買い取れるのは商業床まで。住宅の分まで資金調達することは難しく、高松丸亀町でも、住宅はいわゆるマンション・ディベロッパーに依存してきた。しかし震災直後の石巻に、ディベロッパーが進んで登場してくる状況はなかった。

そこで当初期待されたのは、災害公営住宅である。保留床の処分先を災害公営住宅とすることで、言わば石巻市にディベロッパーになってもらう。しかも、アフォーダブルな(手ごろな家賃で入居可能な)住宅を提供することが可能になる。しかし、その期待は必ずしも適切ではなかった。

ひとつは公営住宅という制度の問題である。特に災害公営住宅[43]では、入居

時は所得制限がないが、所得制限を超えた人は5年後には退去しなければならない。公営住宅は所得に応じた応能家賃であるから、所得のある層の家賃は必ずしも安くはない。間取りや設備など、設計・デザイン上の制約も大きい。役所側には、定期借地の土地に公営住宅を建てることへの抵抗も根強く残っていた。あれこれ考えると、災害公営住宅はファースト・ベストとは言えなくなるのである。

こうして中央3丁目1番地区では、当初一部に計画していた災害公営住宅をとりやめ、すべてを分譲住宅に変更した。それが可能になったのは、①経済同友会で復興問題の委員会を担当していたフージャースコーポレーションがディベロッパーを引き受けてくれた、②価格について、被災者再建支援金を頭金にし、公営住宅の家賃程度を返済月額とするローンを組めば買えるレベルに抑えることができる見通しがたった、の2点が大きい。もちろん、②の見通しがたったから（ビジネスの可能性が見通せたから）、①が可能になったのである。

幸いにも、石巻テラスとして売り出されたマンションは竣工時には完売した。建築費が高騰している折から、②を実現するためにあらゆる努力が注ぎ込まれた。工場でパネルをつくり、現場で組み立てる構法が採用された。景観上はぜひ取り付けたかった傾斜屋根が消えたのも、廊下から出窓が消えたのも経費節減の結果である。

続く、立町2丁目5番地区の住宅は、災害公営住宅と分譲住宅のハイブリッドとなった。分譲住宅については、再びフージャースコーポレーションがディベロッパーを引き受け「デュオヒルズ石巻」として販売した。盛岡市を本拠にする建設会社が、スーパーゼネコンの8割以下の工事費で請け負ってくれ、なんとかリーズナブルな価格で仕上がった。美しい庭園を囲んだ住宅はとても好評である。

ふたつの再開発では、ディベロッパーとしてのフージャースの存在が大きかった。同社は、ほかのディベロッパーが躊躇するなか、エリア再生に関心をもち、復興ということもあり、プロジェクトに参加、成功をおさめた。しかしその後、別の地区で、従来型の再開発を多く手がけているコンサルタントから依頼を受け、12階建ての再開発事業を推進している。せっかくエリア全体の調和のとれた再生を進めている地元にとって残念である。

残る課題は、立町2丁目4番地区のようなケースだ。21戸の小規模な住宅ができるが、このスケールでは賃貸住宅として運営することが、事業上も、メンテ

ナンス上も適切である。だとすれば、これら住宅を取得し経営する会社が必要になる。このような事業に興味をもつ企業の登場が期待されるが、この規模の建て替えが今後の本流とすれば、住宅供給の点からも、中心市街地再生の観点からも、民間版被災者向け賃貸住宅のシステムともいうべきコミュニティ・ハウジングの仕組みを、市場のなかで成立させることが不可欠である。

スキームの現段階

以上を基本あるいは前提として、実際のスキームはプロジェクトごとにさまざまなバリエーションが展開することになった。改めて整理し、今後の課題を確認して本章を閉じよう。

再開発第1号となった中央3丁目1番地区では、結局、土地権利変換方式を採用した。第6章で説明したように、借地権の設定対価を計上すると、土地権利変換方式に近づく。地権者が土地の所有にこだわらないことから、住宅は土地付きのマンションとして分譲した。一方、1階の店舗「石巻スクエア」については、地権者が権利床として取得し、別途設立したまちづくり会社「コミュニティ・カンパニー」が運営することとなった。資金は津波補助金と高度化資金が活用された。

立町2丁目5番地区では、定期借地方式が維持された。公営住宅も分譲住宅も70年の定期借地権付きで売却された。1階の店舗は、権利床と保留床からなり、後者を地権者が設立したまちづくり会社「あす街」が取得、同社が全体を運営し、地権者へ配当を支払う。資金は、グループ補助金と高度化資金が活用された。

このように、今回のスキームは、地権者たちが複数の要素を勘案するなかから導かれた。スキームには、唯一の解があるのではなく、地権者の気持ちの総和という性格をもち合わせているのだと言えよう。

今後の課題は、小規模な再開発を連鎖的・持続的に可能にするスキームだ。復興の第2ステージに入り、まちの持続的な再生には、小さな単位の開発を連鎖することが本質であることは、「第6章　スキーム」の最後に述べた通り。具体的には、本章で紹介した立町2丁目4番地区プロジェクトのほか、健康ビレッジゾーンに小規模な再開発が集中する。これらをデザインだけでなく、運営の面でも適切にマネジメントしていかなければならない。図7-16に示すように、ま

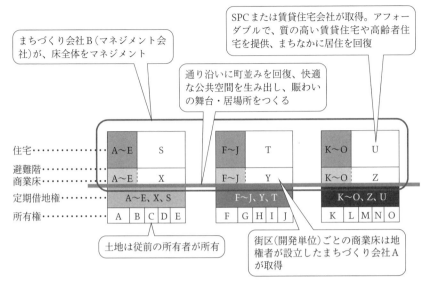

図7-16　目指すスキーム

ちづくり会社が全体のマネジメントをし、エリアのバリューを引き上げていく。それを可能にするためには、SPCによる資金調達の仕組みも重要である。

　以上は、2018年1月時点のスナップショットである。現在進めている作業がどのようなかたちに落ち着くか、この後の展開は、クリエイティブタウン推進機構のホームページを通じて報告していこう。

終章
クリエイティブ・タウンの推進

　まちづくりの最前線は現場である。しかし、ビジネス、デザイン、スキームすべてにわたって新しい試みであるクリエイティブ・タウン実現には、全国的なレベルでシステムを構築する取り組みが欠かせない。

　2013年5月9日、東日本大震災後2年が経過して被災地での復旧から復興への足取りが確かなものとなり、その復興まちづくりのなかから生まれつつあるクリエイティブ・タウンに向けての動きを支援することを目指して、産官学連携による任意の組織として「クリエイティブタウン推進会議」が産声を上げた。以来、クリエイティブ・タウンの考え方に賛同いただいた石巻市の人びとも参加し、1～2カ月に1度の会議を重ねてきた。会議の目的は、被災地のまちづくりを支援し(Produce)、さらには、被災地のまちづくりのなかから生まれつつあるクリエイティブ・タウンをクリエイティブ・タウン・モデル(Showcase)として、そのモデルを全国へと波及する(Promotion)ための運動を展開することである。

　会議には、表に示すコアメンバーのほかに、毎回、行政、民間、社会企業家、大学や研究機関の研究者等がネットワーク的に集まり、それぞれの立場にとらわれない自由な立場でブレーンストーミングを行い、具体的な提言として「復興の切り札　クリエイティブ・タウン～自然の恵みとともにあるライフスタイルにねざした美しいまちの再生が地域を強く豊かにする」(2013年8月27日)を発表[44]、国をはじめとして関係する諸団体に対してクリエイティブ・タウン推進の働きかけを行ってきた。本書は、この提言の内容を具体的に展開したものである。これまで参加していただいた方々を記して深く感謝したい。

　この間、本書の第7章で詳述されているように、具体的な活動として、石巻市におけるクリエイティブ・タウン推進への支援を継続して行い、2014年12月には「石巻中心市街地の都市像(中間報告)」を石巻市長に提言[45]、2017年6月30日には、石巻市でフォーラムを開催、復興第2ステージへ向け、小規模連鎖

表 8-1　クリエイティブタウン推進会議、コアメンバーと参加者

▼コアメンバー(所属はクリエイティブタウン推進機構発足*時)

岡村　正(議長)	日本商工会議所名誉会頭、株式会社東芝相談役
勝栄二郎	株式会社インターネットイニシアティブ代表取締役社長(元財務省事務次官)
岡本　保	自治体国際化協会理事長(元総務省事務次官)
白須敏朗	大日本水産会会長(元農林水産省事務次官)
竹歳　誠	建設経済研究所理事長(元内閣官房副長官)
望月晴文	東京中小企業投資育成株式会社代表取締役社長(元経済産業省事務次官)
木村惠司	経済同友会震災復興委員会会長、三菱地所株式会社取締役会長
小林重敬	横浜国立大学名誉教授、市街地再開発協会代表理事、森記念財団理事長
石井喜三郎	駐ルーマニア日本国特命全権大使(元国土交通審議官)
西脇隆俊	復興庁事務次官
中島正弘	都市再生機構理事長(元復興庁事務次官)
花岡洋文	前国土交通審議官
内田　要	不動産協会副理事長専務理事(元内閣府地方創生推進室長)
薄井充裕	日本政策投資銀行設備研究所客員主任研究員
石渡廣一	都市再生機構副理事長
西郷真理子(事務局)	都市計画家

▼主な参加者(所属等は参加時)

亀山紘(石巻市長)、浅野亨(石巻市商工会議所会頭)、後藤宗徳(石巻市商工会議所副会頭)、笹野健(石巻市副市長)、続橋亮(石巻市産業部長)、遠藤薫(東京電機大学)、岩田司(東北大学)、棚谷克己(NHK)、竹川正記(毎日新聞)、渡辺満子(メディアプロデューサー)、開出英之(総務省)、川合靖洋(農林水産省)、黒田昌義(国土交通省)、渡辺哲也(内閣府)、内田純夫(国土交通省)、武藤祥郎(国土交通省)、廣岡哲也(経済同友会震災復興委員会委員、フージャースホールディングス)、杉元宣文(日本政策投資銀行)、千田正(三井住友トラスト保証)、田中健次(三井住友信託銀行)、佐々木隆一(三菱地所)、池田貢(都市再生機構)、河上高廣(中小企業基盤整備機構)、今野高(中小企業基盤整備機構)、小池康章(東急ハンズ)、千尋俊彦(ローソン)、山口徹(スマートシティ企画)、坂本忠弘(地域共創ネットワーク)、秋元孝則(医療法人啓仁会)、水谷未起(まちのシューレ 963)、近藤早映(東京大学大学院)

＊2016.10

型再開発をエリア・マネジメントで誘導し、まちなかの再生を実現する提言を行った。

2015 年 5 月 11 日、経済成長フォーラム(座長：大田弘子政策研究大学院教授)の「地方創生への緊急提言——"街のヘソ"をつくろう」が公表された。このなかで、

クリエイティブ・タウンは「街のヘソ」として全面展開された[46]。

　同フォーラムは、2014年度は、地域サービス産業生産性検討会として開催され、クリエイティブ・タウン推進会議のコア・メンバーから、薄井充裕と西郷真理子の両氏が参加した。会議では、西郷さんが「日本の各地には、自然の恵みをいかした、それぞれの地域固有の生活スタイルが花開いている。地域の中心となる美しい町を再生し、そこに生活スタイルに根ざした産業を起こすことが地方創生のキイとなる」として、そのためには以下が必要であるという見解を展開した。

- まちの「へそ」となるメインストリートからスタートする。
- 「へそ」は数百メートル。
- 「へそ」に集中投資。
- 集中投資が地域循環をうみだす仕組みをつくる。
- かつての大店(おおだな)にならって、地域の生活の誇りを産業にする仕組みをつくる。利益は地域に還元する。

この見解は、サービス産業の生産性向上というフォーラムのテーマと重なり合い、「"街のヘソ"をつくろう」という提言がまとめられるに至った。その考え方は、以下の「提言のねらい」に簡潔にまとめられている。

　　　人口減少下の日本経済が成長を持続するには、GDPの7割以上を占めるサービス産業の生産性を向上させることが不可欠である。地方の産業の中心がサービス産業にある今、サービス産業の生産性向上は、地方経済の活性化と密接に関連する課題でもある。

　　　地方再生とサービス産業活性化の2つの課題を解く鍵は、一定のエリア内に人と企業とが集まってくる魅力的な拠点をつくり出すことにある。サービス産業には売り手と買い手が同じ場所に存在する業種が多いため、「密度の経済」を実現することが不可欠だからである。ここではその拠点を"街のヘソ"と呼ぶ。

　　　では、"街のヘソ"をつくるにはどうすればよいか。これまでの地域開発は、もっぱら大規模な中心市街地を対象にした土地区画整理事業や市街地再開発事業であった。しかし、人口が減少に転じ、それぞれの地域で地域の実情に合ったまちづくりを行うには、これまでとは異なる新たな手法が必要である。(中略)

このような一定エリアの開発は、すでにいくつかの地域で先駆的に行われている。中心市街地活性化法に規定された「まちづくり会社」などを活用して、エリアの魅力と価値を高めるための多様な取組みが行われている。しかし、そのための制度や手法は十分に整っておらず、ごく少数の成功事例にとどまっているのが実情である。

　エリア開発は、都市再開発のように何十年もかかるものではなく、短期間で成果が出るため、そのための手法が整備されれば、これまでの成功事例を全国に横展開することが十分に可能である。

　また、こうした手法で重要なのは、ハードのインフラ整備より、地権者の権利調整を行うノウハウや、投資をよびこむための運営手法など、ソフトのノウハウである。したがって、制度の整備と併せて、こうしたソフトのノウハウをもった人材の育成がきわめて重要である。各地域で優れたエリア・マネジメントがなされ、まちづくりのプロフェッショナルが各地域で活躍するための環境整備が必要である。

　具体的な提言は以下の四点である。
提言1【制度】：市街地整備事業の「第3の柱」として地区計画を位置づける。
提言2【手法】：土地の所有権と利用権の分離を行いやすくする。
提言3【資金】：官民の資金のベストミックスを実現する。
提言4【人材】：エリア開発のための専門的人材を育成する。

　2015年12月に閣議決定された「まち・ひと・しごと創生総合戦略（2015改訂版）」には、この提言が随所に盛り込まれているが、「街のヘソ」という言葉自体は、「3. 政策パッケージ」「(4)時代に合った地域をつくり、安心なくらしを守るとともに、地域と地域を連携する」「(ア)まちづくり・地域連携」「Ｃひとの流れと活気を生み出す地域空間の形成」の項に、【施策の概要】として以下のように記載されている。

　　地域の「稼ぐ力」や「地域価値」の向上を図るには、一定の地域に人と企業が集積することによる「密度の経済」を実現することが有益である。このため、ひとの流れと活気を生み出す「まちのヘソ」とも言うべき地域空間を形成する。その際には、多様なサービス産業の可能性や新たな需要の創出、

更には地域への愛着や誇りを醸成する観点に着目し、人の集う「まちの賑わい」づくりを進める。

　2016年7月、一般社団法人・クリエイティブタウン推進機構を設立、クリエイティブタウン推進会議の活動を、より安定して継続する体制を整えた[47]。今後は、クリエイティブ・タウンを唱導しつつ、まちづくりの現場であきらかになった課題を踏まえた政策等の提言を行っていく。当面は、以下の5点がターゲットだ。

1. ライルスタイルを復活・育成・発信するための具体的な事業の開発と実践。それらを担う事業創造会社を起こすためのシステム。地域間連携の方策など。
2. タワーズ・イン・スペースを暗黙裡に目標とする都市・建築制度の見直し。美しい街並み、快適な都市空間をこしらえるための手法、たとえば、都市再開発制度の目標を高度利用から地区計画に変換していくなど。
3. まちづくり会社など、コミュニティに根ざした組織が、一定の権限や財源を得て、エリアの再生やマネジメントに取り組むことができる環境を整える制度や体制づくり。
4. 土地の利用と所有を分離し、より合理的な土地利用を可能にするスキームの開発と推進。たとえば、3と関連し、信託制度のいっそうの活用を図るための研究。
5. ギャップ・ファンディングなど、地方へ資金を投入できる、より合理的なシステムの調査・開発・設計。

　以上の活動を通して、被災地の復興におけるクリエイティブ・タウンの推進から全国の地方のクリエイティブ・タウンまちづくりへという運動が、さらに大きな流れとして展開していくことを推進したい。本書がそのための一助となることを切に願う次第である。
　なお、本書の第Ⅰ部理論編は城所が、第Ⅱ部実践編は福川が執筆を担当した。

2017年12月

福川裕一・城所哲夫

注

序章

1) 「地方創生」は、2014年6月の「経済財政運営と改革の基本方針と成長戦略」にローカル・アベノミクスが盛り込まれ、9月3日の第2次安倍改造内閣において地方創生担当大臣を創設、石破茂氏を起用したことから始まった。当日の記者会見で安倍総理は次のように述べている。「地域活性化のほか、地方分権、道州制改革など、ありとあらゆる地方政策に関わる権限を集中して、新たに地方創生担当大臣を創設いたしました。政府全体にわたって、大胆な政策を立案・実行する地方創生の司令塔であります」。9月5日には「まち・ひと・しごと創生本部」が発足、11月21日にはまち・ひと・しごと創生法が可決成立、2014年度補正予算に約4200億円の地方創生交付金が盛り込まれた。このように「地方創生」には、これまでの地方に対する経済対策(特区、地域再生、都市再生、中心市街地活性化など)を中心に、もっと多くの政策を包括する意味が込められているようである。とはいえ、目標は地域の経済社会の再生・活性化であるわけで、いずれも英語に直すと local (regional) revitalization になる。ここでは時事用語として定着した感のある地方創生を用いる。
2) https://www.nhk.or.jp/chiiki/ 石巻、長浜などの、本書でとりあげている事例も動画で見ることができる。
3) 高村(2011)。
4) 西郷(2015)。

第4章

5) 国土交通省住宅局建築指導課長「建築基準法第3条第1項第3号の規定の運用等について(技術的助言)」(2014年4月1日)。
6) 2017年11月16日制定。京町家所有者は、京町家を取り壊そうとする場合、できるだけ早い段階で京都市まで届け出ることが盛り込まれた。
7) 吉田(1987)。
8) フォブールは城壁で囲まれた中世都市の門前にできた町。フォブールがある程度大きくなると、それを取り込むように城壁が拡大され、都市が成長していった。
9) MAPIC 2011(フランス・カンヌ)出展報告書。
   http://creative-town.com/archives-links/archives/ このホームページからは本文に記した見本市等へ出展した映像資料なども閲覧できる。

第5章

10) 日本の建築家の提案を総覧するには、2011年に森美術館で行われた「メタボリズム

の未来都市展」のカタログが便利だ。森美術館(2011)。
11) Mumford (1962)。
12) ジェイコブズの都市論については宇沢弘文氏が繰り返し紹介された。たとえば宇沢 (2003)。
13) 福川(1997)。
14) 河原田、福川(2006)。
15) 引用は講演会の記録による。書かれたものとしてはAlexander (2004)のChapter 10。同章には以下の副題が添えられている。The approach that living processes suggest for creating "belongings" in high density housing from 40 families per acre to 80 families per acre.
16) 岩田、小林、福井(1992)。
17) 大谷(2012)。
18) Alexander (1979)。
19) 香山(1990)。
20) 『町づくり規範』は、一番街の本の店太陽堂で購入できるほか、クリエイティブタウン推進機構のホームページからダウンロードできる。
21) 伝統的建造物群保存地区は、まず自治体が都市計画に定め(都市計画区域外では条例で定め)、文部科学大臣が「(その)区域の全部又は一部で我が国にとってその価値が特に高いものを」重要伝統的建造物群保存地区として選定する(文化財保護法143・144条)。
22) 当初は、住民が協定を結び、商店街組合内の組織として出発したが、2009年に伝統的建造物群保存地区住民協議会としての位置づけを得た。
23) 福川(2009)。
24) 川越一番街は伝統的建造物群保存地区なので、地区計画よりきめ細かいルールが定められる。具体的なルールは、同地区に関わる一連の文書のうち「保存計画」に書き込まれている。
25) ドイツの都市計画は、日本の区域区分や用途地域と似たFプランと、街区レベルで建物の位置・高さ・壁面などを詳細に定めたBプランからなる。
26) 青木(2004)。

第6章
27) 通商産業省商政課編(1989)。
28) 松島(2005)。なお、中小小売商業政策の展開については、通商産業政策史編纂委員会編(2013)の「第8部　商業・サービス業政策」に手際よく整理されている。
29) 木原(1992)。
30) 一番街の外では株式会社まちづくり川越が設立された。同社は現在川越市産業観光館(鏡山酒造跡地)「小江戸蔵里」の指定管理を行っている。
31) 地区計画コンサルタンツ(1988)。

32) Howard(1965)。
33) 平竹(2006)、福川(2013)。
34) 再開発法では、ひとつの施設建築物の敷地は一筆の敷地にすることが原則で(75条)、土地所有形態を従前のまま残すためには施行区域内の関係権利者全員の同意が必要(110条)である(全員合意型と呼ばれる)。したがって、以下で提案する土地の権利をいじらない方式では全員合意が必要であった(通常は地権者の3分の2の合意で決めることができる)。しかし、2016年の都市再開発法改正で、「施設建築敷地を一筆の土地としないこととする特則(110条の4)」が設けられ、全員合意型以外の権利変換においても一筆の土地としないことが可能となった。全員合意型以外の権利変換とは、都市再開発法が基本に据えている原則型(地上権設定方式)と111条特則型(地上権非設定方式)をさす。以下紹介する「新たな再開発」あるいは高松丸亀町商店街の再開発は、当時は全員合意型として行うことが必要であったが、2016年以降は原則型として行うこともできるようになった。
35) 一定の要件のもとで共同施設整備費の補助率を割り増す制度がある。2017年度現在、「都市機能誘導区域内の中心拠点区域内において立地適正化計画に基づき行われる事業」などが補助率5分の4となる。かつては、中心市街地活性化計画に位置づけられ、事業後の容積率が事業前の2.55倍以下のもの(身の丈再開発と呼ばれる)も対象であった。
36) 明石(2006)。

第7章

37) 足立、榎本、玉井(2005)。
38) その頃のまちの写真を「石巻まちなか情報局」のホームページで見ることができる。
http://www.ishinomakimatinaka.com/ 石巻の中心市街地(商店街)の歴史について /
39) 「石巻まちなか情報局」のホームページからダウンロードできる。
http://www.ishinomakimatinaka.com/mitisirube/
40) 中小企業等グループ施設等復旧整備補助事業。被災していることが条件である。
41) 津波・原子力災害被災地域雇用創出企業立地補助金(商業施設等復興整備補助事業)。
42) 国土交通省土地・建設産業局(2012)、20頁。
43) 災害公営住宅は、被災地の公営住宅建設に関し、国の支援を手厚くする制度である。今回は建設費の8分の7が復興交付金によりまかなわれる。住宅を失った人や家族を対象に、所得の低い人には通常の公営住宅よりさらに安い家賃が設定される(東日本大震災特別家賃低減事業、10年間)。当初の入居に所得制限はないが、これは入居時の特例措置で、入居から3年以上経過した時点で収入超過者は家賃が増額され、5年以上経過した時点で高額所得者は住居の明け渡しが義務づけられる。

終章

44) クリエイティブ・タウン推進コアメンバー会議(2013)。
45) http://creative-town.com/archives-links/archives/

46) 経済成長フォーラム(2015)。経済成長フォーラムは、日本が新たな成長分野を創り出すことを目的として 2012 年 5 月に発足した提言機関。座長は大田弘子政策研究大学院教授、コアメンバーは髙橋進日本総合研究所理事長と冨山和彦経営共創基盤代表取締役 CEO。日本生産性本部内に置かれている。
47) http://creative-town.com

参考文献

序章
高村義晴(2011)「「ライフスタイルのブランド化による地域戦略」の政策的意味と理論化」『地域開発』vol. 560(特集：ライフスタイルのブランド化) 12-16 頁、2011 年 5 月。＊ほかに、同誌 12 月号まで、同じ著者による「ライフスタイルのブランド化による地域づくり」をテーマとした連載がある。

西郷真理子(2015)『まちづくりマネジメントはこう行え』(NHK ラジオテキスト：仕事学のすすめ) NHK 出版。＊初版は NHK テレビテキストとして 2011 年発行。

福川裕一(2011)「魅力的な都市空間の再生×ローカルライフのブランド化＝スマート・シュリンク」『地域開発』vol. 560(特集：ライフスタイルのブランド化) 17-20 頁、2011 年 5 月。

第 1 章
Granovetter, M. (1973) "The Strength of Weak Ties", *American Journal of Sociology* 78, pp. 1360-1380.

第 2 章
Cooke P. and Morgan, K. (1998) *The Associational Economy: Firms, Regions, and Innovation*, Oxford University Press.

Cooke, P. and Schwartz, D. eds. (2007) *Creative Regions*, Routledge.

Kidokoro, T. et al. eds. (2008) *Sustainable City Regions: Space, Place and Governance*, Springer.

Florida, R. (2002) *The Rise of the Creative Class*, Basic Books.

Perroux, F. (1950) "Economic Space: Theory and Application", *Quarterly Journal of Economics* 64, pp. 89-104.

Porter, M. (1990) *The Competitive Advantage of Nations*, Free Press.

マイケル・E・ポーター、竹内弘高訳(1999)『競争戦略論Ⅱ』ダイヤモンド社。

佐々木雅幸(2001)『創造都市への挑戦──産業と文化の息づく街へ』岩波書店。

稲垣京輔(2003)『イタリアの起業家ネットワーク──産業集積プロセスとしてのスピンオフの連鎖』白桃書房。

西口敏宏編著(2003)『中小企業ネットワーク──レント分析と国際比較』有斐閣。

城所哲夫(2010)「広域計画の合意形成とプランニング手法」大西隆編著『広域計画と地域の持続可能性』学芸出版社。

城所哲夫、瀬田史彦、片山健介(2013)「持続可能な地域と国土・広域の復興ビジョン」

大西隆、城所哲夫、瀬田史彦編『東日本大震災　復興まちづくり最前線』学芸出版社。
篠原匡(2014)『神山プロジェクト――未来の働き方を実験する』日経 BP 社。
福田峻、城所哲夫、佐藤遼(2015)「企業間取引ネットワークに基づく都市圏構造の特性――日本全国のビッグデータを用いた網羅的実証」『日本都市計画学会学術研究発表会論文集』vol. 50-3。
城所哲夫、近藤早映(2016)「地方都市の中心市街地活性化が地域活性化に果たす役割に関する研究――イノベーティブ・タウン仮説の提示とその妥当性の検討」『日本都市計画学会学術研究発表会論文集』vol. 51-3、791-797 頁。

第 3 章

笹原司郎(1997)「長浜の「黒壁」から、世界の「黒壁」へ」『建築とまちづくり』240 号、1997 年 3 月。
福川裕一(1999)「町づくり会社による、町並み・商店街活性化作戦」全国町並み保存連盟編『新・町並み時代――まちづくりへの提案』学芸出版社。
福川裕一(2006)「コミュニティに根ざした中心市街地の再生」『季刊まちづくり』13 号、2006 年 12 月、12-13 頁。
吉田光邦(1987)『工芸の社会史――機能と意味をさぐる』日本放送出版協会。

第 4 章

Alexander, C. (1965) "A City is Not a Tree", *Architectural Forum*, Vol. 122, No. 1, April 1965, pp. 58-62. ＊2015 年に 50th Anniversary Edition が書籍として発売された。
石原武政(2006)『小売業の外部性とまちづくり』有斐閣。
内閣府(2015)「まち・ひと・しごと創生総合戦略(2015 改訂版)」。
　http://www.kantei.go.jp/jp/singi/sousei/info/pdf/h27-12-14-siryou2.pdf

第 5 章

Alexander, C. (1979) *A Pattern Language: Towns, Buildings, Construction*, Oxford University Press.
Alexander, C. (2005) *The Nature of Order: Book Three: A Vision of a Living World*, Routledge.
Choay, F. (1970) *The Modern City: Planning in the 19th Century*, Planning and Cities, George Braziller. ＊邦訳：彦坂裕訳(1983)『近代都市――19 世紀のプランニング』井上書院。
Evenson, N. (1969) *Le Corbusier: The Machine and the Grand Design*, Planning and Cities, George Braziller. ＊邦訳：酒井孝博訳(2011)『ル・コルビュジエの構想――都市デザインと機械の表徴』井上書院。
Gruber, K (1977) *Die Gestalt der Deutschen Stadt: Ihr Wandel aus der Geistigen Ordnung der Zeiten*. ＊邦訳：宮本正行訳(1999)『図説　ドイツの都市造形史』西村書店。

HRH The Prince of Wales (1989) *A Vision of Britain: A Personal View of Architecture*, Doubleday. ＊邦訳：出口保夫訳(1991)『英国の未来像——建築に関する考察』東京書籍。

Jacobs, J. (1961) *The Death and Life of Great American Cities*, Random House. ＊邦訳：山形浩生訳(2010)『アメリカ大都市の死と生　新版』鹿島出版会。

Mumford, L. (1962) "Yesterday's City of Tomorrow", *Architectural Record*, CXXXII (November 1962).

The Urban Task Force (1999) *Towards an Urban Renaissance*, Routledge.

青木仁(2004)『日本型魅惑都市をつくる』日本経済新聞社。

岩田規久男、小林重敬、福井秀夫(1992)『都市と土地の理論——経済学・都市工学・法制論による学際分析』ぎょうせい。

明石達生(2006)「新まちづくり三法における都市計画のパラダイム転換」『季刊まちづくり』13号、2006年12月、14-17頁。

宇沢弘文(2003)「社会的共通資本としての都市」宇沢弘文ほか編『21世紀の都市を考える——社会的共通資本としての都市2』東京大学出版会。

大谷幸夫(2012)『都市空間のデザイン——歴史のなかの建築と都市』岩波書店。

岡村一郎編(1978)『写真集明治大正昭和川越——ふるさとの想い出』国書刊行会。

河原田千鶴子、福川裕一(2006)「SRU法下における市街地建築規制に関する研究——パリにおける特別POSからPLUへの展開」『日本建築学会計画系論文集』No. 600、2006年2月、143-152頁。

環境文化研究所・川越市(1981)「川越の町並みとデザイン・コード」1981年3月。

香山壽夫(1990)『都市を造る住居——イギリス、アメリカのタウンハウス』(建築巡礼8)、丸善。

川越一番街・町並み委員会(2017)『町並み委員会30周年』。

東京都(1991)「都市白書'91——豊かな生活都市をめざして」東京都都市計画局、1991年11月。

福川裕一(1989)「歴史的環境の保全——川越一番街のまちづくり」建築計画教科書研究会編著『建築計画教科書』彰国社。

福川裕一(1995)「都市住宅に対する都市計画的アプローチとは何か」『都市住宅学』9号、1995年3月、53-67頁。-

福川裕一(1997)『ゾーニングとマスタープラン——アメリカの土地利用計画・規制システム』学芸出版社。

福川裕一、青山邦彦(1999)『ぼくたちのまちづくり 1——ぼくたちのまち　世界のまち』岩波書店。

福川裕一(2002)「町並み保存——まちの資源を生かす(2)」『生活科学Ⅱ すまいづくりまちづくり』(放送大学大学院教材)。

福川裕一・まちづくりカンパニーシープネットワーク(統括)(2008)「クリスタルドーム＆壱番街——高松丸亀町商店街A街区第一種市街地再開発事業」『新建築』2008年1

月、156-166 頁。
福川裕一（2009）「高松市丸亀町再開発が意味すること」『季刊まちづくり』23 号、2009 年 6 月。
福川裕一、西郷真理子＋まちづくりカンパニーシープネットワーク（統括）（2011）「高松丸亀町商店街壱番街・弐番街・参番街アーケード　高松丸亀町商店街 B・C 街区小規模連鎖型再開発事業」「デザインコードとライフスタイルのブランド化」「デザインコードとアーケード」『新建築』2011 年 10 月、86-91 頁。
福川裕一（2013）「長浜・高松市丸亀町、石巻からみた現代的総有の試み」南一誠ほか編著『市民と専門家が協働する成熟社会に相応しい建築関連法制度の構築』ユニブック。
福川裕一（2015）「まちづくりの五カ条再論──「都市計画」のオルタナティブを求めて」『地域開発』607、2015 年 5 月、36-39 頁。
森美術館（2011）『メタボリズムの未来都市展──戦後日本・今蘇る復興の夢とビジョン』（展覧会カタログ）。

第 6 章

Howard, E（1965）*Garden Cities of To-morrow*, The MIT Press, 1965. 3（revised version）
　＊初版は 1898 年。初版のタイトルは、*A Peaceful Path to the Real Reform*（真の改革への平和の道）。
明石光夫（2003）「高松丸亀町商店街再生について」『新都市』57-1、2003 年 1 月。
石原武政（2012）『商業・まちづくり　口辞苑』碩学舎。
木原啓吉（1992）『ナショナル・トラスト』三省堂。＊1998 年に新版『ナショナル・トラスト──自然と歴史的環境を守る住民運動ナショナル・トラストのすべて』。
再開発コーディネーター協会（2003）「新たな再開発のあり方に関する提言」2003 年 5 月。
西郷真理子（2006）「A 街区再開発事業の特徴と意味」『季刊まちづくり』13 号、2006 年 12 月、36-41 頁。
地区計画コンサルタンツ（1988）『実践的「町づくり規範」の研究・川越の試み』（NIRA 研究叢書 N0. 880009）。
通商産業省商政課編（1989）『90 年代の流通ビジョン』通商産業調査会。＊産業構造審議会流通部会・中小企業政策審議会流通小売委員会「90 年代における流通の基本方向について──90 年代の流通ビジョン」1989 年 6 月 9 日。
通商産業政策史編纂委員会編（2013）『通商産業政策史 12　中小企業政策 1980-2000』独立行政法人経済産業研究所。
野口秀行（2006）「地域内資金循環の仕組み」『季刊まちづくり』13 号、2006 年 12 月、46-50 頁。
平竹耕三（2006）『コモンズと永続する地域社会』日本評論社。
福川裕一（2000）「中心市街地活性化──何が隘路か？」『造景』No. 30、2000 年 12 月、78-82 頁。
福川裕一（2005）「丸亀町がめざす空間とデザイン」『季刊まちづくり』13 号、2006 年 12

月、52-54 頁。
福川裕一(2011)「高松市丸亀町商店街と都市再生特別措置法」『地域開発』562、2011 年、36-41 頁。
福川裕一、西郷真理子(1995)「民間非営利組織(町づくり会社)による再開発——その必要性と成立条件」『日本建築学会計画系論文集』No. 467、1995 年 1 月、153-162 頁。
福川裕一、西郷真理子(2005)「徹底研究＝高松丸亀町再開発——土地・主体・デザイン」日本建築学会編『中心市街地活性化とまちづくり会社』(まちづくり教科書第 9 巻)丸善。
松島茂(2005)「中小小売商業政策・中心市街地政策をどう読むか」日本建築学会編『中心市街地活性化とまちづくり会社』(まちづくり教科書第 9 巻)丸善。

第 7 章
足立俊輔、榎本悟、玉井哲雄(2005)「石巻の町家 調査報告——湊町石巻の研究 その 1」日本建築学会学術講演梗概集 F-2 建築歴史・意匠、2005 年 7 月 31 日。
国土交通省土地・建設産業局(2012)「被災市街地等における街なか再生プロジェクトに係る土地利用促進等に関する調査報告書——民間主体で、美しく活気あふれるまちを、すばやく復興するための手法」2012 年 3 月(受託：まちづくりカンパニー・シープネットワーク)。
http://www.mlit.go.jp/totikensangyo/totikensangyo_tk2_000066.html
福川裕一＋まちづくりカンパニー・シープネットワーク＋ジェーエスディー(2017)「まちづくり会社主体の復興計画・石巻クリエイティブ・タウン・石巻立町 2 丁目 5 番地区・中央 2 丁目 1 番地区第 1 種市街地再開発事業」『新建築』2017 年 2 月。

終章
クリエイティブ・タウン推進コアメンバー会議(2013)「復興の切り札　クリエイティブ・タウン——これまでの検討結果のまとめ」
http://creative-town.com/archives-links/archives/
経済成長フォーラム(2015)「地方創生への緊急提言——"街のヘソ"をつくろう」日本生産性本部、2015 年 5 月 11 日。
http://www.economic-growth-forum.jp/pdf/jegf_survey150511_02.pdf
内閣府(2015)「まち・ひと・しごと創生総合戦略(2015 改訂版)」。
http://www.kantei.go.jp/jp/singi/sousei/info/pdf/h27-12-24-siryou2.pdf

福川裕一　序章、第3〜7章

1950年生まれ。千葉大学名誉教授。クリエイティブタウン推進機構、全国町並み保存連盟理事長。専門は都市計画・都市デザイン、特に歴史的環境の保全、中心市街地再生。川越、佐原、長浜、小諸、高松丸亀町、石巻などのまちなかのまちづくりにかかわる。1998年都市住宅学会賞(論説賞)、2000年日本建築学会賞(ホイアン町並み保存プロジェクト)、日本都市計画学会賞・石川賞(「ぼくたちのまちづくり」岩波書店の絵本シリーズ)。著書に、『ゾーニングとマスタープラン――アメリカの土地利用計画・規制システム』(学芸出版社)、『持続可能な都市――欧米の試みから何を学ぶか』(共著、岩波書店)など。

城所哲夫　第1、2章

1958年生まれ。東京大学大学院都市工学専攻准教授。クリエイティブタウン推進機構理事。専門は都市・地域計画、アジア都市計画。地方都市の活性化に関する研究と提案活動を行っているほか、世界銀行、アジア開発銀行、国際協力機構(JICA)等で、アジアの都市開発に関するアドバイスも実施している。著書に、『サステイナブル都市の輸出――戦略と展望』(共編著)、『広域計画と地域の持続可能性』(共著)、『東日本大震災――復興まちづくり最前線』(共編著、以上学芸出版社)、『都市再生のデザイン』(共著、有斐閣)など。

〈まちなか〉から始まる地方創生
――クリエイティブ・タウンの理論と実践

2018年3月15日　第1刷発行
2019年12月5日　第2刷発行

著　者　福川裕一　城所哲夫
　　　　ふくかわゆういち　きどころてつお

発行者　岡本　厚

発行所　株式会社　岩波書店
〒101-8002 東京都千代田区一ツ橋2-5-5
電話案内 03-5210-4000
https://www.iwanami.co.jp/

印刷・精興社　製本・中永製本

© Yuichi Fukukawa and Tetsuo Kidokoro 2018
ISBN 978-4-00-024826-6　Printed in Japan

縮小都市の政治学 編	加茂利男 德久恭子	A5判 208頁 本体 3800円
建築から都市を、 都市から建築を考える	槇　文彦 松隈洋・聞き手	四六判 192頁 本体 1900円
都市空間のデザイン ――歴史のなかの建築と都市	大谷幸夫	A5判 306頁 本体 4500円
縮小都市の挑戦	矢作　弘	岩波新書 本体 820円

――― 岩波書店刊 ―――

定価は表示価格に消費税が加算されます
2019年12月現在